Kings of Crypto

傑夫・約翰・羅伯茲——著
Jeff John Roberts
洪慧芳——譯

Kings of Crypto

Jeff John Roberts

謹獻給內人 Amy。

目　錄
Contents

資料來源說明⋯⋯⋯⋯⋯⋯⋯⋯⋯⋯⋯⋯⋯017
A Note on Sources

第一部　從「公開的祕密」到幣圈內戰
From Open Secret to Civil War

1　阿姆斯壯有個祕密⋯⋯⋯⋯⋯⋯⋯⋯⋯⋯021
Brian Has a Secret

2008年末，一位化名「中本聰」的神祕人士在網路上發表了一份長達九頁的白皮書。布萊恩・阿姆斯壯是在那篇白皮書發表一年後，拜讀了它的內容。他一看就迷住了，接著一遍又一遍重讀文中的描述：一種名叫「比特幣」的新型數位貨幣，在銀行、公司或政府等領域外運作。它像銀行一樣追蹤誰付款給誰，但交易是由隨機的參與者記錄在散布於世界各地的電腦中，那是如假包換的貨幣，但無遠弗屆，不涉及任何銀行。

在創業聖經《從0到1》中，億萬富豪彼得・提爾談到「公開的祕密」，也就是明擺在大家眼前，但只有不怕挑戰傳統思維的人敢嘗試的商業點子。2012年，阿姆斯壯也抓住了一個「公開的祕密」。他知道比特幣可能會是一項顛覆世界的技術，但是對多數人來說，購買比特幣是令人困惑又費解的體驗。如果他能把過程變得簡單一些呢？

2　非法貨幣⋯⋯⋯⋯⋯⋯⋯⋯⋯⋯⋯⋯⋯039
The Outlaw Currency

比特幣區塊鏈上的第一個區塊，出現在2009年，是「中本聰」開創出來的。到了2010年5月22日，比特幣開始流通，變成了通貨。

佛羅里達州男子拉斯洛‧漢耶茲試圖向全世界證明，比特幣在現實世界中也有價值，花了一萬個比特幣買了兩個大披薩。如今，比特幣及其主幹（區塊鏈）在世界各地成千上萬台電腦上活動，任何軍隊或政府都無法消除它，除非關閉網際網路。

凱蒂‧霍恩的上司要求她調查這玩意時，清剿比特幣的機會已經消失。或許早個兩年，在比特幣剛開始流通時，還有可能藉由圍捕早期用戶以及扣押他們的電腦，來阻止比特幣流通，但那個契機早就過了。霍恩越是了解比特幣，越覺得「對比特幣提出刑事指控」一點也不合理。「那感覺就像起訴現金一樣，你根本辦不到啊。」

3 衝破銅牆鐵壁 ………………………………………059
Running through Brick Walls

厄薩姆在 Coinbase 任職後喜歡大喊「衝破銅牆鐵壁」。蘋果公司就是這樣一堵銅牆鐵壁。一名十幾歲的比特幣愛好者為 Coinbase 開發了一款 app，讓客戶可以在 iPhone 上快速買賣比特幣。遺憾的是蘋果不准加密貨幣交易，它的 App Store 也禁止任何提供加密貨幣功能的 app。

阿姆斯壯想出一個方法：Coinbase 使用「地理圍欄」技術來禁用 app 的交易功能，但這個禁用功能只在蘋果總部所在地庫柏蒂諾生效。蘋果工程師看到的 Coinbase app 是符合規定的，便讓它留在 App Store 裡，與此同時，美國其他地方的 Coinbase 客戶則可以在 iPhone 上使用比特幣。這招很巧妙，也是衝破銅牆鐵壁的典型例子。不過另有兩大障礙迫在眉睫，不僅可能阻止 Coinbase 的發展，甚至可能徹底摧毀它。第一個障礙是嚴重的駭客攻擊，這種攻擊已經摧毀了多家加密貨幣新創企業；第二重障礙是美國政府。這兩大障礙都差點擊垮 Coinbase。

4

重挫 ···································· 087
Bust

為了交易電玩《魔法風雲會》的卡片，程式設計師麥卡萊布開發了網站 Mt. Gox，但不久就把它改造成交易比特幣的網站，後來將它賣給幣圈名人馬克・卡佩勒斯。卡佩勒斯接受來自世界各地的電匯，使 Mt. Gox 變成比特幣的首要集散地。但在 2014 年 2 月某天，他坐在屋裡摸著愛貓時，電腦螢幕上湧現大量電子郵件與 Reddit 訊息，大家都在問：「我的錢到哪裡去了？」答案很簡單：錢消失了。因為駭客入侵 Mt. Gox 的伺服器，盜走逾七十四萬個比特幣。Mt. Gox 崩解導致依賴它取得流動性的公司與數千名散戶血本無歸。比特幣價格開始暴跌。2 月初大家已經看到，去年 12 月的一千一百美元天價是泡沫，已經破滅。Mt. Gox 崩解使比特幣的價格跌至近 500 美元，而且這才只是開始——後來它持續暴跌很久，再度漲到一千美元是幾年後的事了。

5

低迷時期 ································ 101
Hard Times

2015 年，比特幣價格漲到一千美元的日子已成遙遠記憶，媒體與一般大眾如果還記得加密貨幣與區塊鏈，只覺得那是曇花一現的狂熱。相較於其他同業，Coinbase 至少還能慶幸公司保有清譽，但在幣圈發生一連串事件後，Coinbase 也覺得自己前途未卜。

創投業者克里斯・迪克森指出：「Coinbase 的策略是成為加密貨幣的白騎士。」那是指不參與任何導致比特幣聲名狼藉的不法勾當。在這個充斥著邪門歪道的產業，Coinbase 想藉由正派脫穎而出。Coinbase 的第一位律師蘇亞雷斯多年後回顧時表示，Coinbase 成功的策略很直截了當：「大策略無法讓我們勝出，我們只需要做到以

下這幾點就好了：『不要被駭，不要違法，維持銀行關係。』」不過其實當時Coinbase已經被駭客入侵一次（幸好沒有走漏風聲），也搞砸了一段重要的銀行關係。

6 幣圈內戰·· 117
Civil War

2015年年底，比特幣回血了，價格反彈一直延續到2016年初。沒想到榮景回歸加速引爆了一場醞釀已久的衝突。衝突的根源很簡單：比特幣網絡如此壅塞，該如何抒解？多年下來比特幣的用戶已經激增，然而支撐比特幣流通的基礎設施卻維持不變。這是個問題，因為用戶越多，交易越多——那些交易都必須記錄在區塊上，並增添到比特幣的區塊鏈，才能成為正式交易。一個區塊能容納的交易有限，多出來的交易需要由後面的區塊處理，但每十分鐘才會出現新區塊，這導致未處理的交易越來越多，就好像觀眾從洋基體育場湧出，排隊等著搭地鐵一樣。

比特幣的圈內人討論這個缺陷、討論如何擴大服務數百萬用戶，已經好幾年了。後來這個問題變成激烈的理念之爭。「大區塊派系」與「小區塊派系」爭論不休，不久就演變成一場網路版的正統之爭。

第二部　從蓬勃到泡沫，再到破滅
From Boom to Bubble to Bust

7 以太坊問世·· 131
Enter Ethereum

布特林讀高中時，創立線上新聞網站《比特幣雜誌》，在上面發表有關數位貨幣與加密技術的文章，並說服加密貨幣的粉絲付費閱

讀。高中畢業後,他用那些收入周遊世界,跟大家交流比特幣的概念,並討論如何改進比特幣。他跟多數人一樣,看得出中本聰這個創作雖巧妙卻也有局限。最明顯的限制是無法擴大規模。即使幣圈內已經爆發大小區塊之戰,比特幣網絡依然無法迅速處理許多壅塞的交易。比特幣還缺乏多元性。它的帳本能記錄交易及寫入簡短訊息,但無法寫程式讓它執行更複雜的任務。比特幣的古怪程式碼也造成一些問題。

幣圈開始有人討論,區塊鏈 2.0 出現的時候到了——亦即可以解決比特幣的缺點,並把加密貨幣的技術推向最新領域的東西。2013年,區塊鏈 2.0 終於問世。那是當時年僅十九歲的布特林構想出來的,名為「以太坊」。

8 華爾街來了 145
Wall Street Comes Calling

Coinbase 第五號員工亞當‧懷特如今已晉升為 GDAX 交易所的負責人,GDAX 正逐漸變成 Coinbase 的印鈔機。他已經準備好迎接新挑戰,也自認能因應商業界的任何考驗——所以阿姆斯壯派他去搞定康托菲茲傑羅公司。這家知名的公司是華爾街排外文化的典型,充分展現了華爾街的各種刻板印象。懷特回憶道:「我和這家精明強勢的大公司坐下來,試圖達成協議。他們大概有十幾個人吧,我則是單槍匹馬。他們的執行長直接嘲笑我說:『嘿,總經理,你是來幫我泡咖啡的嗎?』我才剛到紐約,那些老派的交易員就給我下馬威,嚇得我屁滾尿流。」

懷特的任務失敗了,Coinbase 進軍華爾街還得再緩緩。與此同時,其他銀行家也對加密貨幣不屑一顧。不過,即使華爾街大亨對加密貨幣嗤之以鼻,他們底下的人倒沒有那麼多疑慮。Coinbase 收到越來越多華爾街從業人士投來的履歷。

9 阿姆斯壯的遠大計畫 ·························· 159
Brian Has a Master Plan

創立 Coinbase 以來，阿姆斯壯就一直在部落格上記錄產品發表、招募里程碑、其他進展的跡象。這篇〈Coinbase 的祕密遠大計畫〉更有抱負，明確闡述了他對加密貨幣未來的全面願景。

他解釋，加密技術就像網際網路，有四個發展階段。最初兩個階段分別是加密貨幣用戶達到一百萬，接著達到一千萬，這兩個階段都進行得很順利。第一階段是創造新的區塊鏈協議（例如比特幣、以太坊）以創造及分配貨幣。接下來是出現交易與儲存加密貨幣的服務。

阿姆斯壯指出，加密技術發展的第三階段是軟體，讓人更直接地與區塊鏈技術互動——就像出現 Netscape 與 Explorer 等瀏覽器讓任何人都能探索網路一樣。他預測最後階段是出現區塊鏈 app，讓人不必依賴銀行就能夠借貸與投資等。他寫道，第四步就是「金融 2.0」的起點，將把十億人帶進這個新興的加密貨幣宇宙。Coinbase 的遠大計畫就是為金融 2.0 奠定基礎，同時投資其他做同樣事情的公司。

10 山姆大叔來了 ····························· 173
Uncle Sam Comes Calling

隨著加密貨幣市場在 2016 年初加速發展，任職國稅局的阿茲基開始調查加密貨幣的逃稅狀況。他越是深入調查誰使用比特幣，就越確定數位貨幣是逃稅工具，他還發現有兩家可疑的公司都透過 Coinbase 購買比特幣。

Coinbase 擁有國稅局非常想要、但比特幣圈中很少賣家擁有的東西：所有客戶的詳細資料。這些紀錄可以讓國稅局輕易比較

Coinbase的比特幣客戶名單與國稅局的紀錄，以查出哪些人逃稅。雖然國稅局宣布比特幣是財產，但證管會官員正在思考，比特幣嚴格來講究竟是不是一種證券，亦即可交易的金融資產。與此同時，財政部的金融犯罪執法網把比特幣視為貨幣。而商品期貨交易委員會則表示，比特幣是大宗商品，亦即一種商品或服務。這些專業細節可能乏味至極，但是對新興的加密貨幣產業來說，卻充滿了法律地雷。諷刺的是，在試圖分類及查核比特幣的過程中，美國政府也變成比特幣的一大持有者。

11 加密貨幣狂潮 ·· 187
Initial Coin Insanity

以太坊上的服務，需要一種特殊的數位代幣才能運作。以太坊就好比擁有一個遊樂園，開放讓人在裡面建造及管理各種遊樂設施，只不過遊樂園裡的大多數遊樂設施都尚未建成，但顧客依然購買了代幣，希望它們有一天可用於某種區塊鏈服務。在現實中，他們投資的遊樂設施可能會建成，也可能不會。但他們等待設施建成的期間，如果有人看好那個設施會完成、也想買它的代幣，持有代幣的人隨時可以轉賣出去——這就是目前多數人所做的，大家純粹只是在投機。

2017年，每天都有人在網路上宣布新的代幣專案，每天都有人搶購代幣，這些專案涵蓋五花八門的領域，這個現象稱為ICO（首次代幣發行）。整個ICO的過程可能持續幾天或幾週，需要把資金（通常是以太幣或比特幣）發送到專案的線上錢包，並等著收取代幣。歷史上從來沒出現過這麼簡單的募資方法，只要花很少的心血，就能向很多人募資。ICO的數量與規模都超乎眾人想像，每天交易的數額非常驚人。

12
Coinbase 崩解 ·· 207
Coinbase Crackup

打造 Coinbase 的過程，就好像阿姆斯壯和其他工程師一起打造了一座精心設計的加州海濱別墅，然後在東北風暴期間把它放在緬因州的海岸上。那座房子經不起狂風暴雪的衝擊。房子晃得吱吱作響，最終破裂時，屋主很後悔當初沒有使用更好的建材。這就是2017年12月 Coinbase 網站的狀況。長期擔任公司律師的蘇亞雷斯回憶道，耶誕節時他飛往匹茲堡探親，飛機落地後，他就收到阿姆斯壯傳來的緊急訊息，要求他立即回公司：「當時我心想：『哦，真要命！』那感覺就像我們獨自站在懸崖上俯瞰大海，世界上所有狂風都朝我們襲來。」

12月之前，隨著網站的某些部分開始鬆動瓦解，客戶的交易一直出現延遲。耶誕節前湧入的數百萬名新客戶則是導致網站整個當機，而且一當就是好幾個小時。客戶的訂單最終卡在技術煉獄中等著超生。憤怒的用戶紛紛到Reddit與推特上發飆。

第三部　從加密貨幣的嚴冬
　　　　　到加密貨幣的未來
From Crypto Winter to Crypto Future

13
宿醉 ·· 227
Hangover

2018 年最著名的虛構加密貨幣是「豪威幣」（HoweyCoin）。這個新幣的網站宣稱它提供一種新型的加密貨幣，可用於旅行，也可以作為投資買賣。而且就像其他 ICO 那樣，豪威幣的網站也提供早鳥優惠，提早購買的投資者可享購入折扣。

不過後來大家發現，豪威幣其實是證管會推出的精明活動，目的是呼籲大家注意ICO的風險。「豪威」（Howey）這個名稱暗指最高法院一個有關證券銷售的案子。任何容易上當受騙的人試圖購買豪威幣時，都會被導向證管會的一個頁面，頁面會提醒投資人不要接觸不可靠的投資。

聯邦監管機構不是天天對加密貨幣產業做這種嘲諷，所以豪威幣事件為證管會贏得了大量宣傳。豪威幣網站甚至放上一位知名拳擊手的代言推薦，顯然是嘲諷知名拳手梅偉瑟前一年宣稱他要透過ICO「海撈一票」的狂言。

14 慘敗 ⋯⋯⋯⋯⋯⋯⋯⋯⋯⋯⋯⋯⋯⋯⋯⋯⋯ 243
"Getting Our Asses Kicked"

阿姆斯壯的新對手是趙長鵬，人稱CZ。他從2017年亮相以來，就逐漸成為繼中本聰和布特林之後，加密貨幣史上最具顛覆性的人物。2013年，當年三十六歲的CZ才發現比特幣，而且一發現就迷上了。這股熱情把他帶到了倫敦，並在里夫斯創立的加密錢包公司Blockchain.com待了一段時間。

里夫斯就是本來要和阿姆斯壯共同創立Coinbase，但在加入創業學校的前夕突然鬧翻的那個人。CZ的出現有點因果報應的味道，因為里夫斯的公司為CZ開啟了加密貨幣的職涯，日後 CZ 成了阿姆斯壯最大的勁敵。

CZ在Blockchain.com公司與另一家加密貨幣公司OKCoin蓬勃發展，但他真正想做的，是在這個產業裡留下自己的印記。他一直在等待時機，2017年他終於決定出擊。他在 ICO 狂熱達到顛峰之際，發行自己的代幣，為自己新創的公司募集了一千五百萬美元。他把他創立的交易所命名為「幣安」（BINANCE）。

15 權力鬥爭 ···················· 253
Power Struggle

幾個月來，幣安藉由提供數十種新的加密貨幣，壯大成一家強大的公司。這段期間，Coinbase一直猶豫不決，只交易四種貨幣：比特幣、以太幣、萊特幣，以及2017年12月底開始交易的比特幣現金。Coinbase除了顧及監管機關、運作比較保守，它不提供更多種加密貨幣的一大原因是，它的工程策略沒有明確的方向。

增添新幣是艱巨的任務，Coinbase正努力迎頭趕上。斯里尼瓦桑加入Coinbase，應該有助於迅速啟動這項任務，他也沒讓大夥兒失望。他有技術才能，再加上有加密貨幣遠見家的聲譽，這些都激勵了其他工程師。他通常穿連帽衫，目光犀利，頂著刺蝟頭，眉毛濃密，灰白相間的鬍渣狀似饑餓的狼獾。遺憾的是，對Coinbase的許多人來說，他連行動都像狼獾——他只要覺得你是障礙，就毫不留情地把你扯爛甩開。

16 比特幣強勢回歸 ···················· 275
Bitcoin Triumphant

加密貨幣嚴冬在2018年12月15日觸底。少數仍在報導加密貨幣的主流媒體指出，這個產業受創嚴重。一些權威人士宣稱，這次比特幣死定了。然後，就像歷史多次重演的一樣，比特幣面對一片看壞的預測，硬是止跌回升，展開新一波牛市。不過，並非所有加密貨幣都止跌反彈。在ICO蓬勃時期問世的那些替代幣（又稱「屎幣」）至今依然屎得很慘，原因一點也不神祕：那些ICO資助的區塊鏈專案都沒有實現，多數專案依然只有白皮書，其他東西付之闕如。套用之前的「遊樂園區」比喻，投資人為某個新奇的遊樂設施預付了代幣，結果發現那個設施永遠不會建成，那些代幣

因此變得一文不值。

到了 2019 年的年中，比特幣再次成為幣圈無可爭議的王者，但它不是業界的唯一亮點，另一個亮點是穩定幣。穩定幣是一種幣圈創新，它創造出數千億美元的價值，並引起全球某個強大公司的興趣。

17

金融的未來 ···································· 287
The Future of Finance

2019 年的某個春日上午，美國銀行業最著名的人物，摩根大通執行長傑米·戴蒙在辦公室密會了年齡只有他一半的 Coinbase 執行長阿姆斯壯。戴蒙對加密貨幣的看法，比媒體刻意呈現的微妙得多，他受訪時表示：「我不想成為反對比特幣的發言人，我根本一點也不在乎比特幣，這才是重點好嗎？」戴蒙更令人驚訝的是，他在加密貨幣技術方面所做的事情。過去五年，雖然他曾經公開抨擊比特幣，也摒棄加密貨幣，但他曾悄悄鼓勵摩根大通內部那些充滿雄心抱負的區塊鏈研究。

摩根大通涉足加密貨幣的同時，Coinbase 也往傳統的銀行業務靠攏。2019 年，華爾街與矽谷的世界突然變得不再那麼遙遠。Coinbase 花了一年追趕幣安。但 Coinbase 的早期投資者兼比特幣億萬富豪希爾伯表示：「長遠來看，不是 Coinbase 與幣安對決，而是 Coinbase 對上摩根大通。」

後記 ···································· 301
Epilogue

謝辭 ···································· 309
Acknowledgments

資料來源說明

A Note on Sources

　　我第一次接觸比特幣與 Coinbase 是 2013 年，當時我是科技部落格 GigaOm 的記者，負責報導法律兼科技的相關資訊，包括當時還很新奇的**加密貨幣**現象。7 月的某個炎熱夏日，我出發去調查「中本聰廣場」（Satoshi Square），聽說那是在紐約聯合廣場（Union Square）的角落。我原以為我得擁有比特幣才能參與，所以花了 70 美元從 Coinbase 買了一個比特幣，打算花掉它。幸好我買了以後就忘了，並在當年晚些時候賣掉一半，那時比特幣的價格漲到看似荒謬的八百美元高點。

　　從那時起，我就對加密貨幣和 Coinbase 所扮演的角色相當著迷。Coinbase 身為加密貨幣的交易所，是大眾取得加密貨幣的管道。2013 年以來，我多次為 GigaOm 和《財星》雜誌（Fortune）報導這家公司。

　　為這本書做研究時，我汲取早期的報導經驗，也多次

訪問 Coinbase 的高管與董事。我還採訪了加密貨幣圈的許多重要人物，包括學者、投資者，以及一些與 Coinbase 的競爭對手關係密切的人。書中的多數描述，包括幾乎所有 Coinbase 相關人員的語錄，都是取自那些採訪。

我也廣泛利用二手資料，包括《連線》雜誌（*Wired*）、《紐約時報》、《富比士》、《Coindesk》的報導。此外，本書還援引了一些精彩的古早加密史，包括《數位黃金》（*Digital Gold*）、《虛擬貨幣革命》（*The Age of Cryptocurrency*）、《區塊鏈革命》（*Blockchain Revolution*）。我直接引用那些資料來源時，都會盡量標明出處。

這本書的前身是 2020 年 5 月發表的《加密貨幣之王》（*Kings of Crypto*）有聲書。如今你手上的這本書是有聲書的增訂版，除了收錄更多 Coinbase 的最新消息，也修正了幾個小錯誤。

PART
1

從「公開的祕密」
到幣圈內戰

From Open Secret
to Civil War

1 阿姆斯壯有個祕密

Brian Has a Secret

　　布萊恩‧阿姆斯壯（Brian Armstrong）走出汽車，感受到柔和的加州陽光照在他的光頭上，尤加利樹的氣息撲鼻而來。他凝視著 Y Combinator 的門面，那是一座單層建築，離 Google 的山景城總部僅 5 英里（約 8 公里），看起來比較像寧靜的郊外辦公園區，而不是孕育了 Stripe、Dropbox、其他多家市值數十億美元的公司的著名創業學校。這裡的外觀看似單調，但阿姆斯壯不在乎，他知道出身這裡的前輩有哪些。他剛從 Airbnb 離職，Airbnb 的創辦人就是從這裡畢業的，Doordash、Twitch、Reddit 等矽谷知名企業的執行長也是。阿姆斯壯乍看之下臉色蒼白，狀似靦腆，結實的身材散發出一種安靜的自信。儘管幾天前他才和說好要一起創辦公司的人分道揚鑣，變成少見的獨自創業者[1]，他也不以為

1　譯註：創投業者通常不贊同新創企業只有一個創辦人，它們擔心個人太過自負，無人牽制。兩個創辦人比較常見，三個創辦人也可以，四個算是極限。

意。這是 2012 年的夏天，阿姆斯壯滿懷信心，覺得自己將為 Y Combinator 打造出下一個知名的新創企業。

不過，他不是一向如此篤定。1990 年代初期，布萊恩在這裡以南 12 英里（約 19 公里）的聖荷西度過了青少年歲月，那時他焦躁不安，鬱鬱寡歡。聖荷西是美國第十大城，也是矽谷的核心，但無論是當時、還是現在，那裡感覺仍像一片死氣沉沉的停車場，許多人似乎無所事事。阿姆斯壯常有那種感覺，直到接觸網路才徹底改觀。

他跟許多聰明但內向的孩子一樣，網際網路出現為他帶來了朋友與各種令人振奮的點子。現在困在枯燥狹隘的聖荷西已經無所謂了，他的鍵盤前就有一個由駭客與哲賢所組成的全球社群。2001 年，他就讀萊斯大學（Rice University）時，已經自知想利用網路改造世界，就像上一代的技術先驅用晶片與桌上型電腦來開創新局那樣。

但有一個問題。

「我一直有個想法：『要是我早點出生就好了。』大學畢業就業之後，我擔心一切為時已晚。」阿姆斯壯回憶道，「畢竟，有影響力的關鍵網路公司都已經卡位了，網路革命已經發生。」

當然，他錯了。網路革命依然如火如荼地發展，眾多創

業者正利用網路來改造家園與生活。2008年末，一位化名「中本聰」（Satoshi Nakamoto）的神祕人士在網路上發表了一份長達九頁的白皮書，把網路革命帶進了金融業。阿姆斯壯是在那篇白皮書發表一年後，拜讀了它的內容。

那天是耶誕節，阿姆斯壯回到聖荷西老家，窩在自己的房間裡，一如往常上網瀏覽科技新聞。有人在電腦論壇上發布了中本聰的白皮書。他一看就迷住了，接著一遍又一遍地閱讀文中的描述：一種名叫「比特幣」的新型數位貨幣，在銀行、公司或政府等領域外運作。它像銀行一樣追蹤誰付款給誰，但交易是由隨機的參與者記錄在散布於世界各地的電腦中，那是如假包換的貨幣，但無遠弗屆，不涉及任何銀行。母親喊布萊恩下樓共進晚餐，但他充耳不聞，開始第三次閱讀那份白皮書。

兩年半後，他走進 Y Combinator 的大門時，不僅比以前更關注比特幣，也針對加密貨幣發展出一套獨特的見解。不久，他就會把那套理念傳播給數百萬人。

• • •

在創業聖經《從0到1》（Zero To One）中，機智過人的億萬富豪彼得‧提爾（Peter Thiel）談到「公開的祕密」。「公開

的祕密」就是明擺在大家眼前，但只有不怕挑戰傳統思維的人敢去嘗試的商業點子。提爾舉了 Airbnb 和優步（Uber）為例。Airbnb 的創辦人看到了空房有潛在市場；優步的創辦人發現，以 GPS 訊號搭配手機 app 就有可能取代計程車。

商業作家麥可‧路易士（Michael Lewis）在著作中也舉了一些例子。例如，在《魔球》（Moneyball）中，他描述一位球隊經理靠資料、而不是球探的多年經驗，打造出一支常勝球隊。在《老千騙局》（Liar's Poker）一書中，路易士則描述一名交易員把房貸組合成抵押債券，藉此在華爾街海撈一票。這些都是顯而易見的點子，但在當時都只是祕密，因為大眾普遍對它們不屑一顧。

2012 年，阿姆斯壯也抓住了一個「公開的祕密」。他知道比特幣可能會是一項顛覆世界的技術，但是對多數人來說，購買比特幣是一種令人困惑又費解的體驗。如果他能把過程變得簡單一些呢？Y Combinator 的總裁山姆‧奧特曼（Sam Altman）了解這種簡化的威力，也了解阿姆斯壯想做什麼。「一個東西是否簡單好用，對 99％的人來說很重要，但技術人員往往忽視了這點。」他指出：「Dropbox 剛推出時，有些程式設計師說：『我實在搞不懂，既然你可以用命令列工具來備份所有檔案，誰還需要這玩意兒？』」對

程式設計師來說，這是再明白不過的電腦流程，偏偏其他人就是搞不懂。

　　同樣的道理也適用於比特幣。如果有人打造出一個網站，讓人像上網買賣股票那樣交易比特幣，就會有更多人願意嘗試。但是有能力打造這種網站的比特幣愛好者，對這種想法嗤之以鼻，他們覺得根本沒必要那樣做。許多人只想模仿中本聰的技術原理，打造自己的加密貨幣，藉此致富。照奧特曼的說法：「加密社群的人都想開創一種比特幣的翻版，當時他們只想著：『我要自創一種新貨幣，自己留下發行量的20％，這樣我就發了。』」

　　阿姆斯壯的看法不一樣。他抓住了「大家想輕鬆使用比特幣」這個公開的祕密，打造出Coinbase的雛形。2012年8月21日，他在Y Combinator的演示日（Demo Day）登台發表作品。演示日是半年一次的發表大會，供許多新創企業在創投業者與科技媒體的面前展示作品。對那些創辦人來說，那是小小的榮耀時刻，因為幾個月後，許多新創企業免不了會黯然落幕，從此消聲匿跡。新創企業如曇花一現般消逝是常態，但不是所有新創企業皆如此，例如阿姆斯壯那一班，有另兩家公司也存活下來了：一家是Instacart，現在是價值數十億美元的生鮮雜貨服務公司；另一家是Soylent，專門販

售代餐食品,在矽谷與一些地方培養了一群忠實顧客。

輪到阿姆斯壯上台演示時,他泰然自若地走上舞台,面向觀眾,接著用一個簡單的口號來傳揚他的理念:「Coinbase,進入比特幣世界最簡單的方法。」

如今回顧過往,一切似乎顯而易見。

• • •

阿姆斯壯對比特幣的早期洞見,使他搖身變成億萬富豪,但他也因此失去一位朋友。2012年夏天,他本來沒有打算獨自去Y Combinator。那裡並不鼓勵獨自創業,創業學校希望看到共同創辦人,而不是孤軍奮戰。

矽谷雖然推崇個別創業者,但實際上科技新創企業就像許多創意專案一樣,大多是團隊合作的產物,通常是兩人合夥。在《合作圈》(Collaborative Circles)和《成雙的力量》(Powers of Two)等書中,研究顯示,天才鮮少是孤軍奮戰的:約翰‧藍儂和保羅‧麥卡尼有賴彼此,才創作出披頭四(Beatles)那些經久不衰的熱門歌曲;畢卡索與喬治‧布拉克(Georges Braque)一起用畫筆創造出立體派畫風;生物學家詹姆斯‧華生(James Watson)和弗朗西斯‧克里克(Francis Crick)密切合作,才發現了雙螺旋結構和DNA。

　　科技也不例外。蘋果公司與史蒂夫・賈伯斯（Steve Jobs）
密不可分，但是在早期，如果沒有另一個史蒂夫——程式設
計大師史蒂夫・沃茲尼亞克（Steve Wozniak），這家電腦公司
不可能起步。Google也是如此。賴瑞・佩奇（Larry Page）與
謝爾蓋・布林（Sergey Brin）的史丹福指導教授曾說，這兩個
創辦人有近乎完全融合的思維。此外，帕羅奧圖（Palo Alto）
有個車庫是大家公認的矽谷發源地，如今是加州的官方地
標，那個車庫也不是由一名發明家獨有，而是由兩人共同擁
有：惠普（HP）的創辦人比爾・惠利特（Bill Hewlett）和大衛・
普克德（Dave Packard）。

　　Y Combinator的管理者培育創業者多年，他們知道好
的共同創辦人和好的創業企劃書一樣重要。Y Combinator
總裁奧特曼表示：「你回顧那些成功企業的歷史，會發現它
們都是由合作夥伴一起創立的。根據我們的經驗，獨自創業
極其困難。新創企業的起伏動盪非常劇烈，有人陷入低潮
時，需要夥伴加油打氣。」

　　其實在加入Y Combinator的創業輔導班之前，阿姆斯
壯有一個共同創辦人，名叫班・里夫斯（Ben Reeves）。里夫
斯是個靦腆的英國少年，也是程式設計奇才。他跟阿姆斯壯
一樣對比特幣充滿熱情，兩人在一個比特幣論壇上相遇時一

拍即合，不久就計畫一起創辦公司。他們以團隊形式一起申請加入 Y Combinator 的創業輔導班，並且順利錄取。但是就在里夫斯準備從英國登機前來美國的前幾天，兩人在一個關鍵問題上起了衝突。阿姆斯壯因此毅然甩了里夫斯，並在加入 Y Combinator 的前幾天寫信告訴他：「合夥創業就像婚姻，儘管我認為我們相互尊重，但我們的合作不太融洽。」

此外，阿姆斯壯也改了他們一起打造的程式庫密碼。在創業領域，這相當於切斷配偶的聯合銀行帳戶。不過兩人既然分道揚鑣了，阿姆斯壯不得不這樣做。

他們意見分歧的地方與美學設計無關，甚至與策略無關，而是一種存在主義的問題。他們的爭論近似宗教理念的衝突，是關於比特幣應該是什麼樣子。

中本聰以長達九頁的白皮書披露比特幣時，他描述的是一種「去中心化」的新技術。去中心化（decentralized）這個詞很關鍵，那表示沒有哪個人、哪家公司或哪個政府能夠掌控比特幣的網絡。同時，買賣比特幣的人也不能依靠銀行或任何人，來管理他們的數位貨幣。擁有比特幣是指，你使用「私鑰」（一長串由字母、數字和符號組成的亂碼）來開啟及關閉你的線上錢包。萬一你遺失那把私鑰，你的比特幣就永遠消失了。那就好像把一堆錢放在一個牢不可破的保險箱，但

沒人知道保險箱的密碼。

這也是Coinbase派上用場的地方。阿姆斯壯想要提供一種服務，讓你不需要掌控私鑰就能擁有比特幣，Coinbase會幫你打理好私鑰的事情。這個構想就是阿姆斯壯抓住的公開祕密。

這是一種符合常理的解決方案，但比特幣的基本教義派認為那根本是異端邪說，與中本聰的主張背道而馳。重點不在於顧客可以使用Coinbase購買比特幣，然後把比特幣轉移到他們用私鑰控制的錢包，而是原則問題。在2012年，加密社群裡的多數參與者都算是基本教義派，而在基本教義派看來，阿姆斯壯和他構想的Coinbase就是一種集中化（centralization）。他是異端，背叛了中本聰的理念。

阿姆斯壯和里夫斯決裂後，從未和好。里夫斯後來自己創立了一家成功的比特幣公司，但他從未忘記阿姆斯壯是如何甩開他的。幾年後，他讓《連線》雜誌逐字刊登阿姆斯壯寫的那封決裂信。至今他的LinkedIn頁面上依然寫著「Coinbase的創始團隊成員」。

如今阿姆斯壯對於這段齟齬避重就輕，他是聽從Y Combinator的某位高管鼓勵而與里夫斯決裂的，但他自己也認為有必要那樣做。不過，在當時那也成了一大問題。

由於臨時與里夫斯分道揚鑣，他成了少數單槍匹馬加入
Y Combinator 的創業者。在 Y Combinator 裡，他獲得了這
家創業學校的指導，也獲得了寶貴的人脈（包括投資者與卓
越的創業導師）。然而遇到逆境時，沒有人能夠鼓勵他或為
他打氣，而創業本就是一條充滿逆境的路。

　　Y Combinator 錄取的新創企業很少，所以獲得錄取能
為自己帶來一些聲望與宣傳效應。但錄取不見得就會成功。
現實狀況是，在演示日轟轟烈烈地結束後，逾八成的新創企
業日後默默燒光資金，黯然落幕。那些新創企業通常有兩、
三個創辦人，他們會使出渾身解數，全力以赴。2012 年的
夏天，Coinbase 就只有一個行銷創意、一個尚未完成的網
站，以及一個孤伶伶的創辦人。這家公司還需要很多東西才
能起步，包括數百萬行的程式碼、產品測試、商業計畫，當
然，還有真實的用戶。如果阿姆斯壯做不到這些，Coinbase
的命運就會跟多數新創企業一樣，黯然落幕。他成功的機會
看起來非常渺茫。

• • •

　　Y Combinator 位於山景城，矽谷小鎮森尼維爾（Sunnyvale）
是在它南方 5 英里（約 8 公里）的地方，那裡同樣有清新的

空氣、尤加利樹的氣味、平淡無奇的郊區街道，以及為該區提供通勤服務的加州列車（Cal-Train）車站。那裡還有數十家著名的科技公司，包括雅達利（Atari）、雅虎、Palm、晶片製造商 AMD。2012 年夏天，剛逃離華爾街的弗雷德・厄薩姆（Fred Ehrsam）也落腳於此。

厄薩姆從小就是眾人眼中的天之驕子，他擁有模特兒般的俊俏面容，五官深邃，一頭金髮，渾身散發出運動健將的氣息。他在新罕布夏州的康科特（Concord）成長，總是與眾人為伍（畢竟是萬人迷），但他總覺得不太對勁。

他說：「我覺得我好像是自己人生的旁觀者。」他順著眾人的期待，做他該做的事：成績優異，也擅長打袋棍球與籃球。然而，他一心想要取悅父親，那種渴望令他備感折磨。他的父親是個幹勁十足的工程師，畢業於哈佛商學院，標準極高。多年後，厄薩姆從一棟豪宅的頂樓俯瞰舊金山市及遠方的大海時，依然不知道自己是否已經達到父親的標準。「就算你不斷地打怪破關，晉升到很高的層級，標準還是會不斷提高。」

厄薩姆的比喻很恰當。幾乎沒有人比他更了解電玩了。高中時期，他一直覺得周遭的世界不太對勁，但至少網路世界讓他如魚得水。每天，他都會盡快離開袋棍球或籃球的球

隊訓練,趕回家玩《魔獸世界》(*World of Warcraft*)或《決勝時刻》(*Call of Duty*)。他常為了在兩個線上聯隊中維持競爭力,而通宵達旦打電動(兩個聯隊一個在美國,另一個在歐洲)。高四時,他已是專業玩家,不僅參加全國聯賽,還贏得大獎。

電玩讓厄薩姆擺脫了高中與家庭生活的壓力,只可惜為時短暫。不久,他上了杜克大學,幾年後取得資工系學位。畢業後,他該找個體面的工作了——他如願進入高盛(Goldman Sachs)擔任外匯交易員。他坦言:「在高盛當外匯交易員,是我能找到最接近打電玩、同時享有高薪與聲望的工作。」

厄薩姆看起來很適合這份工作,他也確實擅長外匯交易,但這不表示他就喜歡這件事——其實他的內心正慢慢死去。高盛的頂頭上司都是老派的華爾街人士,習慣對著電話咆哮,在交易廳裡與其他人推擠較勁。他們不喜歡當時正悄悄潛入金融業的新交易風格,那種風格對擅長寫演算法的人最有利。西岸知名的創投業者(也是Coinbase未來的董事)馬克·安德里森(Marc Andreessen)的預言「軟體正在吞噬世界」當時正轉化為現實。即使那些老派的交易員不願承認,但軟體終究會淘汰他們。

厄薩姆回憶道:「他們把軟體工程師稱為IT,把他們當

成二等兵看待。他們厭惡自動化，如果我想做的事情可能
取代一半的交易部門，他們就不想做。那是一段非常奇怪
的時期。」

那感覺就像高中時代重演。表面上，他的外型與舉止都
像炙手可熱的交易員，迎合父母所好；但內心深處，他希望
自己是在別的地方發揮所長。於是他的反應跟以前一樣──
深夜上網尋求慰藉，在網路上探索世界及尋找歸屬。這一
次，令他深深著迷的是那些談論數位貨幣的部落格與 Reddit
論壇。那種新型數位貨幣任何人都可以取得，不需要央行，
也不需要高盛那樣的商業銀行。厄薩姆覺得，比特幣這種不
需要政府的貨幣，不單單是有趣的概念，更是必要的。日復
一日，他看著華爾街貪婪地吸取美國央行的資金。海外的情
況更糟，例如希臘等國因政治領導者嚴重失職，導致紓困一
再失敗。反觀一度看似瘋狂的比特幣，反而顯得很正常。此
外厄薩姆認為，比特幣根本是為他量身打造的工作：他使用
電玩貨幣多年，對數位貨幣瞭若指掌；此外身為華爾街交易
員，他也相當熟悉金融業。這些經歷都讓他想要參與比特幣
交易。

只不過有個問題：這些行動似乎都發生在矽谷。當然，
他聽過矽谷，但由於在新英格蘭長大，因此對那個地方毫無

概念。不過,漸漸地他意識到,就像畫家會湧向巴黎、電影製作者會湧向好萊塢,如果你想靠軟體做大事,就非去矽谷不可。即使紐約市看似什麼都有,但那裡就是欠缺巧妙結合商業與電腦科學的特殊環境。看來是該離開的時候了,在高盛工作兩年後,厄薩姆離開了華爾街的高樓,前往森尼維爾闖蕩。

• • •

厄薩姆與阿姆斯壯首次見面,是約在 The Creamery 餐廳。這家餐廳就像矽谷其他知名場景一樣,看起來很普通:低矮的單層木造屋,門框上方以白色字母排出餐廳名稱,前方有露天小庭院,內部有幾張自助式餐桌,供應三明治、沙拉、常見雞尾酒、卡布奇諾。這家樸實的小店座落在舊金山一處不起眼的街角,但許多價值數十億美元的創投交易,以及無數新創企業的事業成敗,都是在這裡談成的。

The Creamery 之所以成為人氣餐廳,也許是因為它就在高速公路匝道與加州列車的車站附近,也許是因為顧客可以隨意進出,也有可能只是因為科技人士喜歡約在那裡碰面。(不過,即使 The Creamery 備受有錢人青睞,也無法挺過疫情。這家知名餐廳已於 2020 年 8 月歇業。)

阿姆斯壯會挑上 The Creamery，是因為這家店就在他的臨時辦公室對面。他在布魯索姆街（Bluxome Street）一號租了一個辦公室。幾個月前，他才剛從 Y Combinator 結業，帶著一群人脈與潛在投資者清單離開，Y Combinator 這家創業學校也依慣例，拿走了他公司的7%股份。不過厄薩姆在 Reddit 上回覆阿姆斯壯發的比特幣貼文時，阿姆斯壯無論是在專業上、還是生活上，都還是孤伶伶一個人。

在森尼維爾時，厄薩姆是與大學時代的老友同住，幾週前他才搬來舊金山。他與阿姆斯壯首度見面時，就像 Tinder 上少數幾個約會成功的個案，兩人一拍即合。厄薩姆回憶道：「當下我就覺得我們兩個很合，感覺很興奮。」這家名為 Coinbase 的新興公司，感覺就像他以前從未玩過的刺激電玩，只不過很真實。

這種哥倆好的感覺是互相的。儘管阿姆斯壯與里夫斯合作生變後，可能導致他對合夥卻步，但這次他迫不及待想要開始。他們兩人都是二十幾歲，阿姆斯壯覺得厄薩姆不僅是共同創辦人，也是朋友、數位貨幣的同好。他們一起日以繼夜地敲鍵盤，每天為了寫程式，工作長達十六個小時。他們的程式是為了讓大家做以前從未做過的事：只要有銀行帳號就能買比特幣。不需要海外電匯，也不需要面對令人望而生

畏的數字串，只要透過一個類似網路銀行的基本網站，就可以輕鬆搞定。

距離阿姆斯壯在 Y Combinator 登台演示已經過了快四個月。現在，2012 年 11 月，是檢驗 Coinbase 到底可不可行的時候了。他們推出了「一鍵買賣比特幣」的功能。這個功能上線時，窗外飄著舊金山的薄霧，阿姆斯壯與厄薩姆焦急地擠在一台筆電前，等著看結果如何。

• • •

成功了！

幾筆買單慢慢流入網站。幾週後，訂單開始大量湧入。大家開始口耳相傳，推薦這種輕鬆購買比特幣的新方法。交易量越來越多，他們的工作也越來越重。為了維持網站正常運作，他們忙得不可開交。

網站第一次發生危機，起於一個軟體漏洞導致用戶端看到的比特幣餘額有誤。在 Coinbase 那端，數字看起來很正常，比特幣都還在帳上，但一些用戶端看到的帳戶餘額是零。Coinbase 的陽春客服網站頓時湧入大量驚慌失措的客戶，一開始是數十則驚慌的查詢，不久變成數百則，最後累積了兩千多則。

「我的比特幣到底在哪裡？」、「這是騙局嗎？」、「把錢還給我！」焦慮的謾罵聲不斷湧入，對一家脆弱的新創企業來說，這是危急存亡的時刻。而且由於這個產業還充滿不信任，Coinbase的聲譽更顯脆弱。阿姆斯壯與厄薩姆日以繼夜地搶救危機，兩人輪班上陣，一人處理連串的客服問題及修復系統漏洞時，另一人就直接睡在地板上。

搶修無數個小時之後，危機終於解除，網站修復了，Coinbase也恢復了信譽。向來冷靜的阿姆斯壯一如既往，回頭繼續瀏覽科技新聞。厄薩姆因節儉成性，捨不得搭優步，只好步履蹣跚地走回家。他住在舊金山最為窮亂的田德隆區（Tenderloin），那裡的街道上到處是碎玻璃，不時還會聽到吸毒者尖叫。厄薩姆像行屍走肉般走在破舊的街道上。他拖著腳步跟在一個踽踽獨行的盲人後面，就這樣走了兩個街區。

最後，厄薩姆終於走到家了。他爬上床，屋外依然騷動不止。

2 | 非法貨幣

The Outlaw Currency

　　凱蒂・霍恩（Katie Haun）在新的犯罪檔案上輸入字母「F-N-U L-N-U」（名未知，姓未知）。聯邦檢察官尚未確認嫌犯的身分時，就是以這種方式來指稱嫌犯，念法是「fe-new el-new」。

　　不管這個嫌犯是誰，霍恩都很慶幸自己有機會追查這個傢伙。

　　霍恩是個活力充沛的金髮女子，2009 年來舊金山時，是法律界炙手可熱的精英。她曾在最高法院擔任大法官安東尼・甘迺迪（Anthony Kennedy）的助理。那個經驗可以幫她輕易找到任何高薪工作，她卻選擇到聯邦調查局上班。三年來，她的工作主要是處理加州北區一些最暴力的惡徒，她積極地起訴他們，其中包括幫派大老、殘忍殺害對手的機車幫派。她把這些人一一繩之以法，再將他們送進監獄。她覺得這份工作很有意思，但是她已經準備好換個沒那麼

血腥的新工作。

這個代稱FNU LNU的嫌犯正好符合這個條件,目前看來只有非常粗略的資料。霍恩的上司只告訴她,這個案子涉及電腦與一大堆非法活動。霍恩回憶道:「老闆只對我說:『你有興趣起訴一種名叫『比特幣』的新玩意兒嗎?』當時我連聽都沒聽過比特幣。」

儘管如此,她還是一口答應了。

• • •

起訴一種貨幣,這個概念似乎聽起來很荒謬。審判比特幣,就好比在法庭上交互詰問百元美鈔。不過儘管2012年的檢察官不清楚比特幣是什麼,卻知道它周遭正在發生什麼事情,因此對他們來說起訴比特幣很合理。當時數位貨幣在一系列犯罪活動中不斷出現——從洗錢、販毒,到敲詐勒索,都看得到數位貨幣的蹤跡。許多執法人員把數位貨幣與犯罪聯想在一起,他們認為,肯定有什麼黑幫大老涉入。

然而沒過多久霍恩就發現,那個代稱FNU LNU的嫌犯根本不是犯罪頭目或黑幫組織,而是一種全新科技。於是她就像多數對比特幣感興趣的人那樣,開始鑽研這種貨幣。

比特幣的新手們很快就發現,這個主題簡直是無底洞,

可能需要花數百個小時才能搞懂「雜湊率」（hash rate）、「共識機制」（consensus mechanism）等概念的細節。霍恩不需要知道那些，她只需要懂入門知識就夠了。從最基本的層面來說，她知道比特幣是一種電腦程式，只不過它特別巧妙。任何人都可以下載那個程式，並在家用電腦上執行。它本身單獨來看不是那麼特別，甚至沒什麼用處。比特幣的神奇之處在於，它在全球成千上萬台電腦上運行。這些電腦合起來創造了一部永久的交易總帳，那份總帳顯示誰正在花用該程式創造出來的數位貨幣。這些電腦合起來，就像個永不停歇的簿記員，記錄著每一筆比特幣交易。2010年花用的一枚比特幣，如今依然掛在總帳上，每個人都可以看到。今天支付的百萬分之一枚比特幣（沒錯，做得到這樣[1]），幾分鐘內就會出現在帳上，而且永遠不會消失。它無法刪除，每個人都看得到。此外比特幣也使用精密的數學，使每筆交易不論在技術還是法律上都無法反悔或取消。也就是說，一旦成交就是成交了。

　　交易不是一次只出現一筆，而是每隔十分鐘左右，那群電腦中就有一台會收集最新的一堆交易，把它們塞進名叫「區塊」（block）的電腦程式碼中。每個區塊都會標明前一個區塊，從而產生一長串塊狀相連的交易，名叫「區塊鏈」

1　譯者註：比特幣可以無限分割。

（blockchain），每個人都能看到。如今，網路上已有很多條區塊鏈，這個術語可以用來指任何依賴多台電腦創造出交易總帳的軟體，但比特幣區塊鏈是史上第一條區塊鏈，也是最有名的。

比特幣區塊鏈上的第一個區塊，出現在2009年，是比特幣的神祕創造者「中本聰」開創出來的。從那時起，世界各地的電腦陸續創造出五十幾萬個區塊。2019年底，接在第599,999塊區塊之後，第六十萬個區塊誕生了。它就像之前的其他區塊一樣，包含多筆交易，顯示交易者如何使用比特幣。區塊鏈不會顯示每批比特幣究竟由誰擁有，它只會顯示跟擁有者有關的一長串字母與數字。區塊鏈上的每個人都有一串由數字與字母組成的亂數代碼，稱為地址（address）。覺得這個稱法聽起來很熟悉嗎？那是因為這種字母與數字混雜的概念，在之前提到私鑰時出現過。比特幣的擁有者是以私鑰取得某個地址的比特幣。這裡需要了解的重點是，電腦程式會給每個比特幣的擁有者**兩個**由數字與字母組成的亂碼：一個是每個人在帳本上看到的地址，另一個是取得比特幣所需的私鑰。

阿姆斯壯設計Coinbase的初衷，是為了免去地址與私鑰引起的麻煩事，讓大家可以像使用網路銀行那樣取得比特

幣。對技術人員來說,把私鑰存在隨身碟與特殊軟體錢包上就夠了。但是對多數人來說,那樣做很麻煩,他們比較想透過技術中介:Coinbase。

不過,Coinbase 依然是使用區塊鏈。它代表客戶買賣比特幣時會產生交易,那些交易也會集結成區塊,添加在不斷增長的區塊鏈後方。但除非你知道 Coinbase 是用哪個地址做交易,否則你很難知道 Coinbase 參與了交易。這就是比特幣特別的地方:即使區塊鏈是公開的,每個人都看得到,但你不知道某個比特幣是誰的,除非持有者表明那個地址是他的。區塊鏈可能顯示某個地址有價值一百萬美元的比特幣,那個地址可能屬於矽谷某個大人物、俄羅斯某個寡頭富豪,或韓國某個大學生。如今,在某些情況下,有些區塊鏈鑑識公司可以猜出誰掌控某個比特幣的地址。但是在許多情況下,尤其是帳戶擁有人小心掩護自身蹤跡時,任何人都無法知道出現在總帳上的交易出自誰。這就是比特幣精妙的地方:它是一種真正的匿名貨幣——有人說這也是它危險的地方。這也是為什麼霍恩與一些執法人員認為,比特幣只可能是某個祕密的犯罪首腦創造出來的。

不過,儘管比特幣在技術上如此精妙,為了讓比特幣運作,還是需要動用一點人為操作——這是指社交上。區塊鏈

的總帳，需要依賴一個由志願者的電腦組成的分散式網絡。一般人何必把自己的電腦出借給這個全球記帳系統呢？中本聰也想到了這個動機問題，所以他把一種巧妙的彩券系統嵌入比特幣的核心。這個系統邀請任何人來參加一個競賽，只要解開一個數學題，就可以獲得比特幣。那道數學題只能靠大量的試誤流程（trial and error）來推斷。比賽約每十分鐘舉行一次，誰率先算出答案，就把答案廣傳給網絡上的其他電腦。那個贏家廣傳答案時，也把最新的區塊（裡面包括那道數學題的答案，以及最新一批的比特幣交易）添加到總帳中。只要答案正確，那些參與彩券系統的人（稱為「礦工」）就會繼續解下一個數學題。解開數學題的人，可以得到與那個區塊有關的費用（小量新創造的比特幣）作為獎賞，有些人把那種小量新創的比特幣稱為「**區塊獎勵**」（block reward），也有人稱之為 coinbase。

比特幣的區塊鏈與獎勵系統都很巧妙，甚至很聰明，但這無法解釋為什麼比特幣一開始就有價值。畢竟它連硬幣都不是，不過是一小段你看不見、也摸不著的電腦程式碼罷了。

但這不重要。比特幣是貨幣，貨幣代表信任。重點是，只要有夠多的人認同比特幣的價值，而且願意以有價值的東西去獲取比特幣，比特幣就值錢。就這個意義上來說，比特

幣與古往今來人類用過的任何貨幣，例如貝殼、黃金、銀行或政府印製的紙鈔等等，並沒有差別。如今有數千萬人相信比特幣確有價值，他們願意花數千美元買一個比特幣。

一開始，比特幣的價值就像懷疑論者所說的：一文不值。嗯，應該說是「幾乎」一文不值。2010年初，出現了幾筆網上交易，買家只花幾便士就買到幾十個比特幣。那些交易讓人以比較輕鬆的方法取得比特幣，不需要辛苦解數學題（亦即挖礦）。但是當時對多數人來說，用美元買比特幣，就好像拿一頭牛去換幾顆魔豆一樣。大家覺得比特幣是傻瓜與狂熱分子使用的偽幣。

到了2010年5月22日，比特幣開始流通了，變成了通貨。佛羅里達州一位名叫拉斯洛・漢耶茲（Laszlo Hanyecz）的男子試圖向全世界證明，比特幣在現實世界中也有價值。他在一個線上論壇上出價：「我願意花一萬個比特幣買幾個披薩⋯⋯比如兩個大披薩，這樣我可以留一點明天再吃。」英國有一個人接下這個訂單，他收到一萬個比特幣——當時價值約三十五美元——然後送了兩個Papa John's的披薩到漢耶茲的家。這個「比特幣換披薩」的交易在世界各地的科技媒體上成為新聞，那一波宣傳推動了比特幣價格上揚。如果漢耶茲是一年後，也就是2011年做那筆交易，那一萬個比特

幣可以買到數百個披薩。如果他是十年後做那筆交易，那一萬個比特幣可以買下幾十家Papa John's的披薩加盟店。不過當時漢耶茲只是想藉由買披薩來表達自己的觀點，他也確實做到了。從此以後他也變得小有名氣，每年的5月22日變成了「比特幣披薩日」。九年後，隨著比特幣價格狂飆，漢耶茲獲邀上CBS的《60分鐘》（60 Minutes）節目，接受安德森‧古柏（Anderson Cooper）訪問。古柏問他，隨便花一萬個比特幣買兩塊披薩是什麼感覺（受訪時，那一萬個比特幣的價值約八千萬美元），漢耶茲結結巴巴地對著鏡頭說：「我覺得那樣想對我沒什麼好處。」他接著補充，他很高興自己能成為比特幣官方節日的英雄。

2012年阿姆斯壯創立Coinbase時，比特幣不再只值幾便士，而是幾美元。這時全球已有數百萬人知道比特幣是什麼、以及該怎麼用，只是大家依然不知道究竟是誰在幕後操縱著比特幣，就連美國助理檢察官霍恩和她的上司也不知道。大家只知道有個化名「中本聰」的人寫了那篇長達九頁的白皮書。

究竟誰是中本聰呢？對多數的比特幣信徒來說，這是個禁忌話題，他們都不喜歡談論這件事，這是刻意的。誠如《虛擬貨幣革命》的作者保羅‧威格納（Paul Vigna）和麥克‧凱

西（Michael Casey）所言，比特幣既是一種技術，也是一種宗教。就像每個良性宗教一樣，它的緣起也籠罩著神聖的神祕感。你叫比特幣的粉絲披露「中本聰」的真實身分，就好像叫虔誠的猶太教徒說出「主」的名字，或是叫基督徒說明「聖靈感孕」一樣。信仰是不需要解釋的。

儘管如此，還是有足夠的證據可以臆測，那份白皮書究竟是誰寫的。種種跡象都指向美國博物學家尼克·薩博（Nick Szabo）。

薩博是法學家，也是資深的程式設計師，與實驗數位貨幣多年的線上社群「加密龐克」（cypherpunks）關係深厚。「加密龐克」匯集了一群喜好密碼學的人士，他們都非常不信任政府。這點也反映在薩博的推特發文中，而且他鮮少公開露面。比特幣剛出現時，加密龐克的一些成員也與比特幣密切相關，尤其是已故的程式設計師哈爾·芬尼（Hal Finney），但一些重要的線索顯示，那篇白皮書是薩博寫的。例如《紐約時報》記者、撰寫《數位黃金》一書的納撒尼爾·波普爾（Nathaniel Popper）講述的軼事，把薩博列為比特幣早期發展的核心。此外，語言學家也拿那份白皮書與中本聰的電郵，跟薩博、芬尼以及其他幾位可能人選的書寫內容做比較。薩博的用字遣詞最接近中本聰，而且中本聰（Satoshi Nakamoto）

的首字母（S與N）正好和尼克‧薩博（Nick Szabo）相反——
這可能是巧合，上述一切都可能是巧合，但是如果你認同
「奧坎剃刀」（Occam's Razor）這個哲學原則（也就是說，簡單
的解答比複雜的解答更有可能是正確答案），那麼比起堅稱
中本聰另有他人或稱這是個無法解開的謎團，你應該更傾向
接受薩博就是中本聰才對。事實上，與長期持有比特幣的人
私下交談時，如果旁邊沒有其他人，他們大多會悄悄承認他
們相信薩博就是中本聰，只要別叫他們公開表態就好。

　　如今，薩博是不是中本聰已經不重要了。比特幣的發展
早已超越了那份白皮書和一個人或一小群人。這種貨幣及其
主幹（區塊鏈）如今在世界各地成千上萬台電腦上活動，任
何軍隊或政府都無法消除它，除非關閉網際網路。

　　早在2012年，這個祕密就已經眾所皆知。霍恩的上司
要求她調查FNU LNU先生時，清剿比特幣的機會已經消
失。或許早個兩年，在比特幣剛開始流通時，還有可能藉由
圍捕早期用戶以及扣押他們的電腦，來阻止比特幣流通，但
那個契機早就過了。霍恩越是了解比特幣，越覺得「對比特
幣提出刑事指控」一點也不合理。

　　「那感覺就像起訴現金一樣，你根本辦不到啊。」霍恩
回憶道。

她說的沒錯。2012年，比特幣已經發展成一個成熟的經濟。2010年，以比特幣買披薩可能還很新奇，但2012年接受比特幣的商家越來越多了，有人甚至渴望只靠比特幣生活。

• • •

歐拉夫·卡森維（Olaf Carlson-Wee）是個瘦削的金髮少年，貌似《魔戒》（*Lord of the Rings*）裡的精靈───如果精靈喜歡在滑板公園閒晃的話。十幾歲時，他確實去追逐夢想了。他是真的去追夢，因為他對「做夢」這個現象有濃厚興趣。他研究神經學以了解夢的成因，並透過練習及閱讀卡洛斯·卡斯塔尼達（Carlos Castaneda）等作家的作品，學會如何把睡眠轉化為深刻又生動的探索。

卡森維甚至聲稱他學會在睡夢中使用魔法。他說：「在清醒夢中，找一面鏡子。如果你擅長做清醒夢，你可以用鏡子召喚東西。你太靠近鏡子時，會失去周邊視覺，這時你就可以召喚自己了。」

卡森維說，他面對鏡中的自己時，會提出問題。他可以掌控問題，但無法掌控鏡中的自己回答什麼。那些回答是從心靈深處的某個地方召喚出來，在夢中釋放的，常把他嚇得

半死。這也難怪,他就讀明尼蘇達州鄉下的一所高中時,全校八百位學生票選他是「最獨特的」。

卡森維是在 2011 年初發現比特幣的,那就像他關注的其他事情一樣,他不只是喜歡比特幣而已,而是對它癡迷不已。卡森維的父母都是路德教會的牧師,他們從小就教他要憑著良心過生活,探索正義的意義。後來,金融危機造成經濟大衰退時,包括他父母在內的數百萬名民眾眼看著辛苦的積蓄化為烏有,但導致金融危機的銀行高管卻依然坐領高額紅利獎金。卡森維覺得比特幣是一種無法遭到操弄的經濟系統。

他回憶道:「這是終極的賽博龐克(Cyberpunk)獨裁。」他幾乎把所有積蓄七百美元都換成比特幣,並鼓吹朋友也這麼做。

他在紐約州北部的瓦薩學院(Vassar College)就讀最後一年時,選擇以比特幣作為畢業論文的主題。他的教授一開始只覺得有趣,後來看到《連線》雜誌在 2011 年 11 月刊出〈比特幣的興衰〉(The Rise and Fall of Bitcoin)一文後,試圖阻止他寫這個主題。那篇報導看到比特幣的價格從 31 美元暴跌至兩美元,因此推論這種新興貨幣是失敗的。

教授對他說:「挑別的主題寫吧。」但當時卡森維已經

完全相信比特幣的潛力。他非但拒絕更換研究主題，還更加倍投入研究，並針對數位貨幣為何會改變世界，提出全面的經濟論點。教授給那篇論文打了 A ＋。（2012 年他提交論文時，比特幣的價格已回升至十美元，這對於他的成績可能也有點幫助。）

那段期間，卡森維持續買進比特幣。在人口僅三萬的紐約州波啟浦夕市（Poughkeepsie），購買比特幣並非易事。有時，這表示你必須跟想賣比特幣的人約在校園碰面。卡森維通常必須採取一些比較奇特的交易方法，例如：把一筆錢先存入某個神祕的線上轉帳事業的帳戶中。這需要先去一家本地銀行，存入一個明確的金額（例如 103.83 美元）。這筆存款就是一種訊號，讓對方知道哪個比特幣地址是卡森維的。一切運作順利的話，（扣掉昂貴的手續費後）對應的比特幣數量會出現在卡森維的帳戶中。萬一運作不順利，卡森維可能血本無歸（匯出錢了，卻沒收到比特幣）。那可能是因為他支付的網站被駭，導致所有比特幣都不見了，也可能是他遇到詐騙（網站站長宣稱網站被駭，捲款潛逃。）

「那年代很混亂，」卡森維回憶道，「取得比特幣不容易。那年頭什麼東西都可能被駭，任何交易都可能是騙局。當時有個網站叫 Mybitcoin（我的比特幣），讓人購買比特幣。大

家常講一個笑話,說那個網站之所以取那個名字,是因為站長把那些比特幣都當成『我的比特幣,不是你的』。」

Coinbase出現時,對卡森維這種比特幣信徒來說,簡直是上天的恩賜。終於出現一個網站承諾讓大家更輕鬆取得比特幣,而且不搞詐騙。這家公司的總部設在加州,不是海外,你還能清楚看到經營者叫阿姆斯壯。你上網搜尋他的名字,可以看到他談論法規遵循與監管之類的議題。對那些最早推廣比特幣的反政府狂熱分子來說,法規遵循、監管等用語有如髒話,但卡森維覺得好極了。他跟阿姆斯壯的看法一樣,覺得讓比特幣在主流社會中流行起來的唯一方法,是讓一般人也能輕易取得,不會受騙。

卡森維說道:「你會經常聽到一些人用同樣的話嘲諷Coinbase,說『不是你的私鑰』、『不是你的比特幣』之類的。」那些說法經常出現在Reddit的比特幣討論串中,目的是提醒大家,他們使用Coinbase等於是把數位貨幣交給一家公司管理。這對中本聰這個教派來說,簡直是異端邪說。

因此,儘管Coinbase幫數百萬非技術人員接觸到加密貨幣,但許多比特幣的早期擁護者卻猛烈抨擊它,其中包括曾經譴責美國聯準會「詐欺」的激進自由意志主義者[2]艾瑞克‧沃里斯(Erik Voorhees),以及人稱「比特幣耶穌」

（Bitcoin Jesus）的浮誇人物羅傑・維爾（Roger Ver）。維爾因為習慣送人比特幣，又愛到處宣傳比特幣，而有「比特幣耶穌」的稱號。2014年，他宣布放棄美國籍，因為他聲稱他信奉「開放邊境」理念（至少他自己是這樣說的，不過懷疑者認為他是為了避稅才放棄美國籍）。不管沃里斯與維爾的真實意圖是什麼，他們都是早期比特幣的代表人物，是鼓勵大家接受比特幣的忠實信徒，而他們認為Coinbase背叛了中本聰的願景。

有些人把沃里斯與維爾視為聖人，卡森維只覺得他們瘋了。他認為，Coinbase並未背叛比特幣，它只是提供大家一種取得比特幣的途徑。大家透過Coinbase取得比特幣後，可以把加密貨幣轉移到自己的軟體錢包、硬碟或隨身碟。比特幣要存在哪裡，是由持有者自己決定。對不太精通技術的一般人來說，使用Coinbase和自己管理比特幣的區別，就像是學「豐田Corolla的自排車」vs.「十八個輪子、十檔變速、兩種倒檔的手排車」。開Corolla可能很無聊，但誰都能開。

卡森維採用了Coinbase，也希望Coinbase能採用他。

2　譯註：自由意志主義者（libertarian）是指右派自由主義，相對的是自由主義者（liberal），是指左派自由主義。

他想加入這家公司,問題是他從未應徵過真正的工作。大學畢業後,他變得放蕩不羈,四處漂泊,花好幾個月在加州的內華達山脈徒步旅行,後來在華盛頓州的霍爾頓村(Holden Village)找到一份臨時的伐木工作。霍爾頓村原本是個廢棄的銅礦小鎮,1960年代被嬉皮改造成路德教的教堂。他們為願意在那裡工作的人提供豐盛的三餐及睡覺的蒙古包。那裡很適合卡森維,只是實務上及比喻上都離比特幣很遠。

儘管卡森維沒有實務經歷,也沒有其他明顯的資格,他還是向Coinbase應徵了工作。他寫電子郵件給厄薩姆,隨信附上他的論文,並提到那篇論文拿到A+。厄薩姆馬上回信了,卡森維因此得到第一次面試的機會。

幾週後,他來到Coinbase位於舊金山的辦公室。卡森維有幾個朋友住在舊金山,他們很樂意讓他睡沙發,但他的衣服還是個問題,因為上面沾了伐木留下的樹汁殘漬。在朋友的催促下,卡森維去一家優衣庫(Uniqlo)買了一件潔淨的白襯衫。他當場拆下包裝,換上新衣,就直接走到The Creamery對街的Coinbase按門鈴。

當時,阿姆斯壯與厄薩姆常要求求職者做兩個十五分鐘的簡報,一個簡報是談他們對Coinbase的願景,另一個簡報是自選主題,要教這對創業搭檔一些他們不知道的東西。

厄薩姆也喜歡問一些類似腦筋急轉彎的問題（像 Google 早期面試愛問的那種題目），以測試潛在員工的分析能力。

他們問卡森維的問題是：「有一百個儲物櫃排成一排，每個櫃子都關著。有一個孩子路過，並打開每個儲物櫃。第二個孩子路過，每隔一個櫃子，就關上儲物櫃的門。第三個孩子來了，每三個儲物櫃，就檢查櫃門。如果櫃門是關的，他就把它打開；如果櫃門是開的，他就把它關上。第四個孩子也是如此，每四個儲物櫃，就更換櫃門的狀態。一百個孩子走過櫥物櫃後，有多少儲物櫃是開著？」

卡森維心想：「噢，真要命！」厄薩姆給了他幾分鐘思考，但卡森維知道，把這個序列從頭到尾想一遍要花很多時間，這裡面肯定有詐。卡森維在大學是主修社會系，但他也喜歡數學，他知道儲物櫃問題跟完全平方數有關——對於 25 或 64 或 100 個儲物櫃這樣的數字，答案應該顯而易見。於是他對厄薩姆說，答案是 10 個儲物櫃。他通過了這項考驗。

至於簡報，他草擬了一份計畫，以解決阿姆斯壯與厄薩姆因無法跟上業務量大增而引發的公關危機。他們很喜歡他的計畫。而自選主題的那份簡報，卡森維是談他僅次於比特幣的最愛議題：夢。他解釋，服用纈草之類的成藥如何誘發清醒夢，並引用他讀過的神經學書籍來補充細節。阿姆斯壯

與厄薩姆覺得那個作夢的簡報很奇怪，也很有意思，他們確實學到了一些東西。

卡森維是Coinbase的第三十名客戶，現在成了Coinbase的第一位員工。愛漂泊的伐木工現在成了上班族。朋友告訴卡森維要有上班族的樣子，所以第二天及後續兩週的每一天，他都穿同一件白色的優衣庫襯衫上班。

在舊金山，卡森維發現越來越多比特幣信徒，商家也開始接受民眾用比特幣支付。現在他離霍爾頓村很遠了。他很高興看到他可以用這種神奇貨幣來支付三餐、飲酒，以及其他日常開銷。他在舊金山無法用比特幣買到的任何東西，都可以從支持加密貨幣的網站上取得。不久他就確定，他不僅可以靠比特幣生活，**也要**靠比特幣生活。於是接下來的三年，他真的這樣做了。

• • •

比特幣不只是在舊金山有突破發展，在美國各地的城市，以及布拉格、東京、澳洲的阿德萊德等地，大家開始參加「比特幣聚會」，討論一個政府無法控制的世界，同時買賣比特幣，甚至贈送比特幣。在紐約市聯合廣場的一角，每週一都會變成「中本聰廣場」，那場面很奇怪。留著長髮綹

的加密無政府主義者，跟身穿五千美元的西裝、手拿一大疊鈔票的華爾街交易員混在一起，他們都為比特幣瘋狂。這種露天交易場所的源起，可以追溯到兩百多年前。據傳曼哈頓人第一次交易股票，就是在一棵梧桐樹下。

許多參加聚會的人都像卡森維一樣，使用比特幣是因為好玩或基於某種理念。遺憾的是，他們不是唯一使用這種貨幣的人。毒販、洗錢者、殺手、敲詐勒索者，以及各種騙子與邪門歪道也愛用比特幣。事實證明，中本聰的發明對犯罪者來說有如美夢成真：那是一種在任何地方都能拿來支付任何人的匿名貨幣。

2011年，以揭發醜聞出名的網站Gawker發表了一篇如今相當知名的文章，標題是〈可以買到任何毒品的地下網站〉（The Underground website Where You Can Buy Any Drug）。該文所指的是「絲路」（Silk Road）這個價值數百萬美元的線上犯罪市集，它由一個化名「恐怖海盜羅伯茲」（Dread Pirate Roberts）的藏鏡人經營。尼克・比爾頓（Nick Bilton）寫的《美國首腦》（American Kingpin）是描述「絲路」始末的精彩紀實報導，他在書中寫道，恐怖海盜羅伯茲之所以能夠開創出這個驚人的市場，是拜三種新技術所賜：一是網路瀏覽軟體Tor，它可以讓人瀏覽絲路那樣的「暗網」，完全不留痕跡。二是廉價

的雲端運算服務激增，讓任何人都可以平價經營大型網站。第三個神奇要素是比特幣。在比特幣出現之前，還沒有一種快捷簡便的方式讓陌生人在網路上為非法交易付款。比特幣出現後，支付變得輕鬆許多。這也難怪像霍恩的老闆那種執法人員一點都不看好比特幣，還要求她調查。

霍恩很快就發現，她要追查的 FNU LNU 並不是犯罪主謀，比特幣本質上沒有好壞之分。比特幣其實就像另一種曾經很新奇的技術：紙鈔。一疊百元美鈔可用來交易毒品，也可以捐給孤兒院。比特幣也是如此，儘管有人認為它是非法貨幣。

霍恩發現她越了解比特幣，想知道的越多。她與聯邦調查局（FBI）、國稅局（IRS）、特勤局（Secret Service）的特務交談，他們都告訴她，比特幣不斷出現在他們經手的案件中。其中有些人提到 Coinbase 這家公司，因此霍恩認為她應該前去造訪。不久她就發現，Coinbase 的人很符合一種刻板印象，但那些人不是她習慣起訴的精明黑幫或痛恨警察的機車幫派，而是技客。

她說：「我覺得他們比較像典型的新創企業，而不是搞犯罪事業的人。做不法勾當的人不會歡迎你去他們的辦公室坐坐。」

3 衝破銅牆鐵壁

Running through Brick Walls

在市場街（Market Street）的上方，厄薩姆與阿姆斯壯眺望著太陽穿透霧濛濛的舊金山灣。Coinbase位於布魯索姆街的辦公室沒有像會議室的地方，所以他們向P2P網路借貸公司LendingClub借了開會的空間，他們的企業總部相當豪華，很適合借來開這種攸關事業成敗的會議。

那是2013年4月，距離阿姆斯壯從Y Combinator創業班畢業還不滿一年，Coinbase才創立五個月。這時Coinbase需要更多資金，阿姆斯壯與厄薩姆已經準備好一切資料，以說服創投業者挹注更多現金及完成首輪募資（數百萬美元）。這些錢將用來擴大營運規模，同時向矽谷展示，有錢又有影響力的大人物都相信阿姆斯壯的願景。

這時，厄薩姆突然發現大勢不妙。他看到合廣創投公司（Union Square Ventures）的團隊魚貫而入，但是弗萊德·威爾森（Fred Wilson）不在其中，他不禁心頭一沉。

「我們完了。」他對阿姆斯壯說。

合廣是少數總部設在紐約市、聲望媲美矽谷頂級創投同業的創投公司，威爾森是這家公司的共同創辦人，謀略過人，性格冷酷，聰明絕頂。身為推特的董事，威爾森曾像鐵面無私的木偶大師那樣，果斷地撤換不只一位、而是兩位執行長。他與媒體的關係更是出了名的不和。某次威爾森拒絕一家雜誌的專訪，事後他得知記者聯繫他的同事時，他警告那名記者：「不要不知好歹，敬酒不吃吃罰酒。」

威爾森確實冷酷無情，但不少新創企業的創辦人把他當成導師。而且跟許多創投業者不同的是，他很早就是比特幣的信徒。他認為，只要有人充當啦啦隊支持比特幣，但不是像維爾那種狂熱分子，也不是像FBI口中那種罪犯的話，其實比特幣是能夠改變世界的。他在阿姆斯壯與厄薩姆的身上，看到了這項科技的大眾形象：兩個沉默寡言、充滿創業精神的年輕人。

遺憾的是，在這個五月的上午，威爾森生病在家休養。這下阿姆斯壯與厄薩姆只得向合廣創投的其他合夥人推銷Coinbase，他們都不像威爾森那樣熱情支持比特幣。

「我們完了。」厄薩姆又說了一次。

厄薩姆的這句話在阿姆斯壯的腦中迴盪，他心想：萬

一合廣創投不願投資，那會怎樣？他就像 Y Combinator 的其他畢業生一樣，陸續募集了幾次五萬美元的資金，作為 Coinbase 的種子期融資。種子期融資是一家新公司起步所需的小額資金，當時 Coinbase 的投資者包括 Reddit 的共同創辦人亞歷克西斯·瓦尼安（Alexis Ohanian）。後來與瓦尼安結褵的網球明星塞雷娜·威廉斯（Serena Williams）幾年後也投資了 Coinbase。阿姆斯壯還說服了創業家貝瑞·希爾伯（Barry Silbert）出資。希爾伯十七歲時成為股票經紀人，2012 年起持續大量購入比特幣；由於妻子要求他一定要把財富多角化，所以他也開始投資加密貨幣公司。

不過希爾伯接觸 Coinbase 時，阿姆斯壯告訴他，他可以投資，但只能以無上限的可轉債買進。希爾伯一聽，大吃一驚。那種投資方式讓希爾伯有權獲得 Coinbase 的 A 輪融資股份，但有個很大的缺點：「無上限」意指希爾伯的投資可能遭到其他投資者無限稀釋。通常只有最熱門的新創企業，才有資格要求無上限的債券。已經投資數十家公司的希爾伯，從未同意過這種投資條件。

阿姆斯壯在寫給希爾伯的信中指出：「如果你認為 Coinbase 最有可能成為最多投資人使用的數位錢包，那公司估值多少幾乎無關緊要。你看 PayPal，投資他們的人賺得盆

滿缽滿，但投資它的競爭對手的人一毛錢也沒賺到。」這封信讀起來相當自命不凡，但也讓希爾伯留下深刻印象，決定放手一搏，在Coinbase上賭一把。他決定以比特幣投入十萬美元的資金。

這些來自瓦尼安、希爾伯等早期投資者的資金讓Coinbase得以創立及運作，但也只夠做到這樣。如果Coinbase想擴大規模，阿姆斯壯與厄薩姆需要創投公司挹注數百萬美元資金。為了吸引資金湧入，Coinbase必須證明自己正「往右上發展」。對創投業者來說，「往右上發展」這個詞近乎神聖，那是指一家新創企業每個月的用戶數與收入都逐步增加，在投影片上形成一條漂亮的對角線。

2012年的年底以來，Coinbase一直是「往右上發展」。有三次，阿姆斯壯與厄薩姆向保羅・葛蘭（Paul Graham）展現了那條美好的對角線。葛蘭是Y Combinator的共同創辦人，也是他們的融資顧問。前兩次，葛蘭告訴厄薩姆：「孩子，你們還沒準備好。」第三次，他端詳Coinbase依然往右上成長的績效後，便祝福他們A輪融資成功，並把他們介紹給他認識的富有金主圈。

不過即使有葛蘭背書，而且數字顯示Coinbase持續成長，向來熱愛風險的創投界依然對於投資Coinbase感到猶

豫。多數創投不了解比特幣，而了解比特幣的人則大多覺得比特幣難免會遭到執法部門扼殺。最大的例外是威爾森，他說服合廣創投公司的其他合夥人前往舊金山，好好考察 Coinbase 的潛力。只要考察順利，合廣預計投資五百萬美元。

在這個關鍵的五月天，威爾森偏偏生病在家。阿姆斯壯與厄薩姆只能對威爾森那些心存疑慮的同事說明 Coinbase 的優勢。這些人包括該公司另一名共同創辦人布拉德‧伯納姆（Brad Burnham），眾所皆知，他對比特幣很是疑慮。阿姆斯壯不禁再次暗暗咒罵：「太衰了。」

沒想到，這次還不算太衰。阿姆斯壯與厄薩姆的簡報，兩人簡潔俐落的外表，以及 Coinbase 往右上發展的軌跡，說服了當天前來的合廣創投團隊投資兩百五十萬美元。Coinbase 需要從其他地方再募集兩百五十萬美元。

結果，經營瑞比創投公司（Ribbit Capital）的米基‧馬爾卡（Micky Malka）出面救援——他認為比特幣與他本人息息相關。馬爾卡身材高大，雙耳突出，留小平頭，原籍委內瑞拉，講話帶有濃濃的拉美口音。他在委內瑞拉親眼目睹腐敗無能的政府破壞貨幣供給。他就像許多比特幣的信徒一樣，把數位貨幣視為經濟自由的火炬，是烏戈‧查維茲（Hugo Chavez）那種獨裁者所無法熄滅的。厄薩姆指出：「他可以從

全球金流的角度看問題，他不像許多投資者那樣，覺得比特幣是邪門歪道。」

對馬爾卡來說，投資 Coinbase 就是押注比特幣，他無法拒絕。就這樣，Coinbase 完成了 A 輪融資。

律師敲定募資細節時，厄薩姆回想起一名高盛友人的承諾。那個朋友跟厄薩姆一樣，是少數對高盛遲遲不做數位投資感到失望的資深董事，他說過願意拿出兩萬五千美元，投資厄薩姆在數位貨幣方面的事業。厄薩姆打電話給他，問他是否還有意願，他確實仍有心投資。於是比特幣蓬勃發展時，高盛雖然袖手旁觀，但至少有一名高盛的高管從比特幣海撈了一筆，因為他早期投資的兩萬五千美元，數年後變成價值數百萬美元的 Coinbase 股權。

不是每個人都如此看好 Coinbase 的 A 輪融資。例如，（現已倒閉的）八卦網站 Valleywag 的山姆・畢多（Sam Biddle）就用嘲諷的標題報導這個融資消息：「創投投入五百萬美元真金白銀於比特幣瘋潮。」他也對比特幣嗤之以鼻，並抱怨道：「大家之所以談論這個玩意兒，是因為一群默默無聞又令人費解的自由意志主義阿宅對這種數位貨幣狂熱不已。」

《華爾街日報》比較樂觀，它在一篇長篇報導中指出，這筆五百萬美元的投資是加密貨幣的里程碑，並引用威爾森

的熱情評論，他盛讚Coinbase是「比特幣圈的摩根大通（JP
Morgan）」。阿姆斯壯與厄薩姆擊掌慶祝募資完成，接著便回
頭繼續工作。

• • •

　　阿姆斯壯在The Creamery對面租下的辦公室，其實是
一間兩樓的一房公寓，但A輪融資結束後，那裡開始有了辦
公室的樣子，也變成類似比特幣教會的地方。厄薩姆貼了一
張饒舌歌手「大個小子」（Biggie Smalls）的經典海報〈Dream〉
（夢想），但把D改成了B，變成了BREAM，作為Bitcoin
Rules Everything Around Me（比特幣主宰我周遭的一切）的
縮寫。辦公室裡最顯眼的地方，擺了一個由木頭與玻璃組成
的立方體，裡面養了一條名叫「中本聰」的寶藍色鬥魚。
　　這間由公寓改裝而成的辦公室也擠滿了人。卡森維
加入後，接著加入的二號員工是克雷格・哈梅爾（Craig
Hammell）。哈梅爾是個才華洋溢的工程師，曾幫忙打造約會
網站OK Cupid。對一個在女人面前極度害羞、直到大四才
交女友的阿宅來說，那或許是很適合他的職業選擇。阿姆
斯壯與厄薩姆是某次去紐約出差時認識哈梅爾的，他們發
現他是比特幣的信徒，於是邀他到舊金山來工作體驗（work

trial）一下。哈梅爾一到舊金山就搬進了「駭客之家」（Hacker House）。駭客之家以舊金山科技精英的歸宿自居，但哈梅爾覺得那裡比較像打拼的地方，不是匯集精英的熱門場所。

哈梅爾回憶道：「我覺得它在剝削住戶，他們叫阿宅每個月繳一千五百美元，和另外九個阿宅一起住在破爛的公寓裡。」不久，那棟大樓的屋主發現駭客之家在搞什麼後，便趕走裡面的所有人，包括哈梅爾。於是接下來那幾個月，他抓著睡袋搬進布魯索姆街的辦公室，寫程式寫到深夜，然後早上起來沖澡，再繼續寫程式。套用卡森維的說法，哈梅爾是個「只愛加密貨幣又極度耐操的工程宅」，對他這種比特幣狂熱者來說，整天泡在比特幣程式裡是再適合不過的工作。他和卡森維一樣，薪水是領比特幣，也是Coinbase的早期客戶（第80號客戶）。

幾年後，如今極其富有的卡森維把他在Coinbase的經歷濃縮成一句金玉良言，送給新創企業：**雇用你的客戶就對了**。在卡森維看來，市面上有數十家比特幣新創企業，其他競爭者大多黯然消失，Coinbase卻蓬勃發展，主要是因為它雇用了相信公司又熱愛比特幣的人。這是很好的創業建議，而且不只適用於加密貨幣公司。耐吉（Nike）的傳奇創辦人菲爾‧奈特（Phil Knight）就是靠一小群對球鞋有極致狂熱的

夥伴,為他的鞋業帝國奠定了穩固的根基。

不過令阿姆斯壯遺憾的是,不是每一個客戶都想要到
Coinbase 工作。其中一個謝絕加入 Coinbase 的人,是住在
德國的朱利安‧朗謝德爾(Julian Langschaedel)。朗謝德爾是
極其優異的程式設計師,中本聰的比特幣原始碼是為了讓個
人在家用電腦上運作而設計的,阿姆斯壯出資請朗謝德爾把
原始碼改成適合 Coinbase 的商用程式。厄薩姆和阿姆斯壯
說服朗謝德爾到舊金山來工作體驗一下。「工作體驗」其實
是 Coinbase 的企業文化,相當於連續幾天的工作測試,目
的是想看有可能入職的人是否能融入公司。朗謝德爾很輕易
就融入這家公司,問題是他無法接受兩點。第一,美國人的
工時太長了,他比較喜歡有更多時間喝啤酒的企業文化。他
無法接受的第二點是啤酒,更確切地說,他覺得美國人根本
不懂釀造啤酒的正統方法,所以他就飛回德國了。

Coinbase 招募李啟威(Charlie Lee)時,運氣好一些。李
啟威身材壯碩,說話溫和,頭髮烏黑且分線明顯,他任職
Google 時善用「20％的時間」(Google 給員工自由投入專案
的福利),開發了比特幣的早期替代品「萊特幣」(Litecoin)。
李啟威的整個人生,可以說都是靠著非凡的數學能力打造起
來的,例如他在象牙海岸上小學的第一天,老師就發現一年

級的數學對他來說太過簡單,直接讓他跳級就讀二年級。但二年級的老師也覺得二年級的數學對他根本輕而易舉,於是隔天李啟威便直接去上三年級的數學課。

他回憶道:「我是亞洲人,個頭已經比同齡矮了。我走進三年級那班時,更是明顯矮了大家一截。」

隨著年紀漸長,李啟威的才能令他獲益匪淺。他不到十歲就跟哥哥李啟元(Bobby Lee)一起組裝電腦,後來到Google擔任工程師,參與打造YouTube與Google的網路瀏覽器Chrome。他不只將數學技能應用於工程學,也應用到經濟學上,所以對黃金相當著迷。比起股票或債券,黃金迷覺得黃金這種投資標的更有價值,而李啟威在2011年發現比特幣之前,一直是個黃金迷。

「我覺得比特幣很有意義。我研讀了它的程式碼,知道這東西會流傳很廣,於是2013年我決定將所有資金押在比特幣上,那就像加強版的黃金。」李啟威是真心認為比特幣很值錢,所以在2011年,他的第一批比特幣投資從三十美元跌至兩美元時,他眼睛連眨都沒眨。有幾次比特幣暴跌奠定了它早年的地位,2011年這次是其中之一。到了2013年,李啟威不僅將所有資金押在比特幣,還敦促家人跟著做。他的哥哥不需要他勸說——李啟元現在因創立中國第一家比特

幣交易所而變得極其富有。

不過，要說服一般人購買比特幣可就難了。李啟威的看法跟阿姆斯壯一樣，他也覺得錢包和私鑰太過繁瑣，對非技術人員來說太難了，如果沒有Coinbase那樣的服務，比特幣就無法成為主流。他是Coinbase雇用的第三名員工。

阿姆斯壯、厄薩姆、卡森維、哈梅爾、李啟威組成的小團隊，很快就培養出革命情感，他們會一起去當地的攀岩健身房，一起打《決勝時刻》和其他電玩抒壓（曾是全美電玩冠軍的厄薩姆有時一人獨自對戰另外兩、三人）。不過大多數時候，Coinbase的人都像瘋子一樣拚命工作。他們把打造這家新創企業視同軍事行動一樣緊迫，每天從早上開始寫程式，一直寫到晚上十點、十一點，中間偶爾停下來在白板上勾勒遠大的計畫，討論完後又回頭繼續寫程式。這群早期成員充滿了創業的幹勁，追隨著厄薩姆的領導。厄薩姆個性好強，求學時曾是袋棍球和籃球明星，如今喜歡大喊「衝破銅牆鐵壁」（running through brick walls，意指「勇往直前」），後來這句口號成了這家公司的標語，至今還可以在Coinbase的網站上看到。

蘋果公司就是這樣一堵銅牆鐵壁。一名十幾歲的比特幣愛好者為Coinbase開發了一款app，讓客戶可以在iPhone上

快速買賣比特幣。遺憾的是，蘋果不准加密貨幣交易，它的App Store也禁止任何提供加密貨幣功能的app。不過阿姆斯壯想出一個突破這堵牆的計畫：Coinbase使用「地理圍欄」（geo-fencing）技術來禁用app的交易功能，但這個禁用功能只在加州的庫柏蒂諾（Cupertino）生效——亦即蘋果總部所在地，也是蘋果的工程師審查新app的地方。蘋果工程師看到的Coinbase app是符合規定的，便讓它留在App Store裡。與此同時，美國其他地方的Coinbase客戶則可以在iPhone上使用比特幣。

這招很巧妙，也是衝破銅牆鐵壁的典型例子。不過，其他銅牆鐵壁實在太過堅固，Coinbase依然無法突破。有兩大障礙更是迫在眉睫，不僅可能阻止Coinbase的發展，甚至可能徹底摧毀它。第一個障礙是嚴重的駭客攻擊，這種攻擊已經摧毀了多家加密貨幣的新創企業；第二重障礙是美國政府。這兩大障礙都差點擊垮Coinbase。

• • •

駭客攻擊發生在2013年的年中，當時Coinbase團隊正休息片刻吃著晚餐。厄薩姆收到一封奇怪的電郵通知，顯示有人從Coinbase的熱錢包（hot wallet）[1]中提款。Coinbase

在那個熱錢包中存放了數百萬個比特幣，以因應日常交易。厄薩姆心想，這一定是搞錯了，因為Coinbase保護熱錢包金鑰的方式，就像銀行保護金庫、可口可樂保護神祕配方一樣，入侵者根本接近不了。但緊接著，他接到第二次提款通知。

「媽的，趕快查一下！」厄薩姆對李啟威說。用餐期間，李啟威的筆電就在手邊。

李啟威登入Coinbase的控制螢幕，他看到螢幕後內心一沉。有人已經登入系統，正在竊取Coinbase的比特幣。更糟的是，那名入侵者越來越大膽，也越來越貪婪。一開始只偷幾個比特幣，現在已經開始大舉搬運。第三次非法提款後，李啟威連忙修改密碼，進入錢包，並關閉所有人的讀取權限。但是在完全截斷權限之前，那名神祕竊賊已經偷了大量比特幣。Coinbase團隊悶悶不樂地結束晚餐，公司持有的比特幣比他們開始用餐時，短少了二十五萬美元。

他們迅速搞清了真相。原來，竊賊駭入了Coinbase的某家IT外包商的電腦，取得了密碼。這在網路安全領域是

1　譯註：冷錢包是未連上網路的加密貨幣錢包，私鑰是儲存在離線狀態，比較安全。熱錢包是連接網路的加密貨幣錢包，缺點是比較容易遭到駭客攻擊。此外，多數熱錢包無法確保只有你自己擁有私鑰，這表示你的加密貨幣無法由自己直接控制，而是交由交易所或託管商控制，優點是便利許多，操作與介面比較親民。

很常見的伎倆，駭客把企業的外包商視為潛入企業網路的資安漏洞。於是，阿姆斯壯下令徹底檢查安全措施，並要求所有合作夥伴使用該公司提供的 Chromebook 筆電。他也衡量了這次危機的衝擊。

這次竊案確實造成了財務損失，但是萬一消息外洩，那會重創 Coinbase 的聲譽，嚴重威脅該公司的存亡。比特幣早期蓬勃發展時，駭客與詐騙無孔不入，所以阿姆斯壯刻意把 Coinbase 塑造成安全可靠的地方──客戶可以放心存放資金，就像把錢存在大銀行一樣。萬一媒體大肆報導 Coinbase 無法保護自己的資產，那就慘了。無法幫你保護資金的銀行，不可能在銀行業長久經營下去。幸好，沒人洩露那次公司錢包遭駭的消息，Coinbase 團隊又回頭去做他們最擅長的事：埋頭苦幹。

儘管如此，那起竊案依然留下幾個問題，令整個團隊感到不安。駭客侵入了 Coinbase 連上網路的熱錢包，但公司還有數百萬個比特幣是存放在「冷錢包」（亦即 USB 隨身碟或甚至紙片等實物上）。這些作法把比特幣錢包最重要的私鑰存放在沒連上網路的地方，這樣一來駭客就無法竊取比特幣了。冷錢包有這個明顯優勢，所以離線儲存私鑰的市場正在成長。Xapo 這家公司甚至提供一種服務，把客戶的私鑰

存在瑞士阿爾卑斯山下的保險庫裡。

Coinbase採用的冷錢包系統倒沒那麼誇張，例如：早期，一些客戶的比特幣是存在一個USB隨身碟，並收在阿姆斯壯的口袋裡。但這也造成一些令人不安的時刻，尤其阿姆斯壯從海外回國、通過美國海關時，海關人員會問他「是否攜帶超過一萬美元的現金或約當現金」這種制式問題，阿姆斯壯都說「沒有」。最好還是別讓海關知道，鑰匙圈上的USB隨身碟裡，存了價值數百萬美元的比特幣。

隨著Coinbase持續發展，他們迅速為公司的冷錢包增添其他安全防護層，包括建立一個多城市系統，把私鑰分成不同部分，分散存在全美各地。那個系統就像《哈利波特》系列裡的「分靈體」（Horcrux），需要不同的人找到不同部分，把它們重組起來，才能拼出取用比特幣的私鑰。這是保護Coinbase比特幣儲備金的聰明方法，但是自從公司的熱錢包遭到駭客攻擊後，Coinbase團隊的信心就開始動搖了。他們因此聘請備受敬重的比特幣學者安德烈亞斯・安東諾普洛斯（Andreas Antonopoulos），來審查冷錢包內的比特幣儲備金。安東諾普洛斯使用一系列隨機的樣本，以測試分散在全國各地的私鑰是否真的可以啟用特定比特幣。安東諾普洛斯審查後確定系統安全無虞時，阿姆斯壯終於鬆了一口氣。

　　不過，直接竊取比特幣的駭客，只是 Coinbase 面臨的諸多犯罪份子之一。更常見的是騙徒使用騙術偷取比特幣，而不是藉由駭入系統來偷竊。一種常見的騙局是：騙徒從網路上的可疑網站購買偷來的銀行帳戶憑證，接著註冊成為 Coinbase 的客戶，再利用非法取得的銀行帳戶資金來購買比特幣，並趁著銀行或 Coinbase 發現異樣之前，把比特幣迅速轉移到另一個錢包。這種騙局對於 Coinbase 是雙重災難：它不僅損失了比特幣，銀行還會向它追討那個騙徒用來買比特幣的現金，以賠償受害客戶。

　　這種騙局的另一種形式是：騙徒的銀行帳戶中根本沒有錢可以買比特幣。一開始，Coinbase 會讓客戶等三天，才交付客戶購買的比特幣（在銀行系統下，確認客戶是否真有買幣資金需要三天）。不過阿姆斯壯認為，Coinbase 為客戶提供當日交付服務（下單一小時內即交付比特幣），可以大幅提升業績。儘管哈梅爾與卡森維都警告，騙徒可能藉這個管道大發橫財，阿姆斯壯還是一意孤行。結果確實是天大的錯誤。Coinbase 推出「當日交付」服務不到一天，就發現那是大失敗，因為有高達一成的交易是詐騙，導致 Coinbaser 既損失現金，還賠上比特幣。Coinbase 團隊後來戲稱那個問題是「友善詐騙」（friendly fraud）。

Coinbase還必須面對一件令人不安的事：有些客戶把它當成洗錢代理人，利用系統從事一堆犯罪勾當。這些客戶包括勒索軟體商，他們故意鎖住企業、政府、學校的電腦，等受害者以比特幣支付贖金後才解鎖。這些騙子取得贖金後，Coinbase這類網站就變成幫他們把比特幣兌換成美元的絕佳地點。

Coinbase不是第一家在不知情下淪為洗錢代理者的公司。長期以來，敲詐勒索者與毒販便使用西聯匯款（Western Union）甚至蘋果公司的禮品卡等轉帳服務，來轉移不義之財。但與西聯匯款和蘋果禮品卡不同的是，Coinbase可沒有數十年的信譽。更糟的是，它是處理比特幣，而比特幣在很多人眼中早就是一種警訊。萬一犯罪分子在Coinbase上橫行，許多強大的執法機構會毫不猶豫地強制關閉Coinbase。

卡森維已經接到成千上萬則有待處理的客服問題，他竭盡所能地打擊那些像蟑螂一樣，不斷在Coinbase裡切換帳戶的騙子。他只要看到狀似洗錢的活動，就會踢除違規的客戶，並向美國財政部提交一份名為「可疑活動報告」（Suspicious Activity Report）的檔案。後來他把這個流程稱為「自保措施」（covering your ass）。

這個流程有一段時間確實有效，也讓Coinbase勉強取

得了執法部門的信任。對力挺Coinbase的威爾森來說，這種情況他見多了。他提醒阿姆斯壯與厄薩姆，想辦法衝破銅牆鐵壁雖然不錯，但是遇到美國特勤局、金融犯罪執法網（Financial Crimes Enforcement Network）等聯邦監管機構時，衝撞體制就行不通了。不管創辦人想不想要，Coinbase都需要找一個人專門負責法規遵循（Compliance）的事情。

於是，瑪蒂娜・尼嘉利克（Martine Niejadlik）在2013年秋季加入Coinbase，成為第四名員工。一頭捲髮的尼嘉利克是個直言不諱的紐約人，是上一代金融新創企業（包括PayPal）的資深業界人士，曾協助開發著名的信用指標「FICO評分」（FICO score）。她除了為Coinbase帶來現實世界的經歷，還為這個稱兄道弟的企業文化泹注了第一批多元化元素：她是Coinbase的第一位女性成員、第一名家長，第一個四十幾歲的人。威爾森親自說服她加入Coinbase，他強調這家比特幣新創企業正飛速成展，需要她來維持穩定。

• • •

亞當・懷特（Adam White）沒搭過火箭，但以前經常駕駛戰鬥機──他曾是美國空軍指揮官，在伊拉克與阿富汗執行過數十次F-16戰機的任務。儘管懷特舉止溫和，但不管

面對什麼任務時，他總是充滿幹勁與熱情。他在空軍服役期間，收到哈佛商學院的第一封拒絕信。收到信後，他馬上把睡眠時間削減至每晚四個小時，以準備數個版本的第二份入學申請。

這招奏效了，後來他如願進入哈佛就讀。不過，身為比特幣的早期信徒，他失望地發現，這家著名的商學院裡，竟然沒有師長在研究加密貨幣。他回憶道：「哈佛照理說是資本主義的西點軍校，所以我看到他們不太了解比特幣這種加密貨幣系統時，覺得很奇怪。我有一篇經濟學的報告想寫比特幣這個主題，但教授要我換個主題。」

自哈佛畢業後，懷特就像其他商學院的畢業生一樣，先到貝恩顧問公司（Bain & Company）工作一段時間，後來到一家電玩公司擔任產品經理，但他對比特幣始終狂熱。

他來Coinbase面試時，厄薩姆與阿姆斯壯一如既往，拿複雜的腦筋急轉彎問題來考驗他。這次的問題是：有一群人困在島上，他們只能根據一個綠眼大師的線索，來猜測自己的眼睛是什麼顏色，猜對才能離開。懷特知道這個問題需要演繹推理，他順利解開了問題。接著，Coinbase的創辦人邀請他來工作體驗一下（薪酬完全以比特幣支付）。他的任務是去找當地商家簽約，請他們接受比特幣支付。由於當

時數位貨幣在現實世界中的地位依然不穩，這項任務相當艱難，但懷特不為所懼。厄薩姆的口號「衝破銅牆鐵壁」在他的腦中迴盪，他著手做陌生開發，卯起來發了三百封電郵給當地店家，並以試算表追蹤這些郵件的回覆率。這招奏效了，工作體驗結束時，他已經說服一家航空公司、一間冷凍優格店，以及一個社群網站在支付系統中嵌入Coinbase元件，以接受比特幣支付。

厄薩姆對他說：「歡迎加入！」接著放手讓他去找更多商家簽約。懷特非常適合這項工作，一年內就和十家市值十億美元的企業簽約，他也喜歡Coinbase的工作狂文化。他回憶道：「Coinbase的階級劃分明確，就像軍隊一樣。我把厄薩姆視為領袖，完全聽他的，他是頂尖的軟體開發者與高盛交易員的完美結合。」

懷特是在2013年10月加入Coinbase的，當時正好Coinbase的新客戶激增，每個月的數字持續往右上發展。與此同時，隨著主流媒體開始認真報導中本聰創造比特幣的消息，比特幣的新聞也傳播到矽谷之外。這主要和比特幣的價格有關：2013年夏季，比特幣的價格漲破了一百美元，並且持續攀升。不過這也和一些新奇的事物有關，例如：咖啡店開始出現比特幣提款機、市面上出現越來越多比特幣的藝

術品與商品。這些現象在在讓大家意識到，周遭出現了一個新族群。

　　隨著比特幣的信徒不斷來Coinbase朝聖，熱情也瀰漫了Coinbase那個由公寓改建而成的辦公室，其中有些人後來變成幣圈名人。創投業者馬克‧安德里森（Marc Andreessen）來了。因臉書創立風波而從馬克‧祖克伯（Mark Zuckerberg）獲得大筆和解金的哈佛賽艇運動員、雙胞胎兄弟檔泰勒‧溫克勒佛斯和卡麥隆‧溫克勒佛斯（Tyler and Cameron Winklevoss）也來了，他們把和解金投入比特幣，爾後創造出驚人的財富。此外出現了一個名叫巴拉吉‧斯里尼瓦桑（Balaji Srinivasan）的加密貨幣狂熱者，他穿著破舊的耐吉球鞋和髒兮兮的運動褲，哈梅爾等人覺得他看起好像毒販與流浪漢的混合體，但他的行徑卻令他們看得入神。斯里尼瓦桑或許看起來像流浪漢，但講起話來卻像常青藤盟校的教授，他隨口評論了政治經濟學家阿爾伯特‧赫緒曼（Albert Hirschman）的研究，還講得頭頭是道。一個名叫維塔利克‧布特林（Vitalik Buterin）的削瘦少年也來Coinbase的辦公室遊蕩了幾天，他不久就發明了比特幣之後最重要的加密貨幣[2]。

2　譯註：維塔利克‧布特林後來與人一起創立「以太坊」（Ethereum），以太坊使用的加密貨幣是以太幣（Ether）。

不是每個來 Coinbase 的訪客都那麼受歡迎。有幾次，憤怒的客戶直接殺到公司門口，要求解釋為什麼他們的帳戶會出狀況。卡森維或哈梅爾會竭盡所能地向客戶保證，他們的比特幣很安全，並想辦法把他們請出門。還有一次公司門口來了個跟蹤狂，這名年輕男子說他注意那個「帥哥」（厄薩姆）很久了，他是跟墨西哥捲餅的外送員要到 Coinbase 地址的。他還問 Coinbase 要不要僱用他，Coinbase 團隊只能連哄帶騙把他請出門。

2013 年底，Coinbase 也聘請了第一位律師胡安．蘇亞雷斯（Juan Suarez）。蘇亞雷斯當時二十五歲，一臉稚氣未脫，兩眼深邃，頂著一頭蓬亂的黑髮。他在尼爾．戈蘇奇（Neil Gorsuch）獲任為最高法院的大法官以前，曾擔任戈蘇奇的助理；本來一直在大型律師事務所服務，走著典型的律師生涯。當時他的工作是負責審閱次貸的文件，他覺得無聊透了，因此晚上他會上 Reddit 論壇瀏覽比特幣的消息。他看到 Coinbase 在招人時，知道自己的解脫機會終於來了。「當時我正在為全國金融公司（Countrywide Financial）[3] 的房貸撰寫鬼扯的訴狀，所以我心想：『管他的！』。我做了一份半吊子

3　譯註：全國金融公司是全美最大的房貸業者。

的投影片，說明我可以提供 Coinbase 什麼協助。尼嘉利克後來告訴我，她收到許多資歷更好的應徵者，但她喜歡我做的投影片。」

本來 Coinbase 面對法律與金融申報的方式一直漫不經心，尼嘉利克與蘇亞雷斯開始將這些事導入正軌。他們也開始主動造訪特勤局、聯邦調查局、國土安全部，以及其他政府機構，好維繫關係，並向這些單位說明比特幣的潛力，同時向他們保證 Coinbase 不是洗錢管道。遇到檢察官霍恩這樣意外的盟友時，他們想傳達的訊息終於開始獲得共鳴，Coinbase 也因此開始累積一點聲望。

阿姆斯壯和厄薩姆就像一對教官，站在前方指揮著一切運作。他們兩人窩在 Coinbase 那個公寓樓上的指揮中心裡，渾身散發著工作狂的能量。如果說厄薩姆的招牌口號是「衝破銅牆鐵壁」，阿姆斯壯的招牌象徵則是「戴上耳機」。Coinbase 團隊只要看到阿姆斯壯把巨大的耳機掛在光頭上，就知道那在暗示大家「滾遠一點」。蘇亞雷斯回憶道：「布萊恩戴上耳機，就會散發出『他媽的少煩我』的氣勢。他沉浸在自己的世界時，你最好閃遠一點。」

Coinbase 的文化就是這樣冷酷明確，所以後來《彭博商業週刊》（*Bloomberg Businessweek*）把阿姆斯壯與厄薩姆描寫成

「瓦肯（Vulcan）[4]的瑞士銀行家……別想逗笑他們」。此外，Coinbase的招募文化原本已經夠難了（以「工作體驗」決定應徵者是否合適，還要回答類似腦筋急轉彎的考題），後來因加入「拇指表決」（doing the thumbs）而變得更難。「拇指表決」是指面試過應徵者的所有人都聚到一個房間開會，並像決定古羅馬角鬥士的生死那樣，以拇指朝上或朝下來決定是否錄取那名應徵者。通常只要有一人反對，應徵者就會遭到淘汰。

Coinbase的文化對蘇亞雷斯來說可能很極端，但實際上他覺得還好。他說：「我覺得這裡很有趣啊，真要談『冷酷無情的文化』，你可以去大型律師事務所體驗一下。」

話雖如此，厄薩姆與阿姆斯壯專橫的管理方式，已經開始讓其他Coinbase員工感到緊張疲憊。厄薩姆一再要求大家「衝破銅牆鐵壁」，這種呼籲一開始也許振奮人心，但時間一久，大家開始覺得壓力沉重。這家新創企業在這種無盡的高壓下，開始出現崩潰的風險。

接著，2013年12月，娜塔莉・麥格拉思（Nathalie McGrath）出現了。麥格拉思是個熱情的年輕女子，有一雙善

4　譯註：瓦肯人是《星艦迷航記》（Star Trek）中的一種外星人，崇尚邏輯與理性，生性冷靜。

良的藍眼睛，一頭棕色長髮。她本來在史丹佛大學的商學院負責經營及管理MBA課程，那裡隨處可見類似Coinbase團隊這樣幹勁十足的學生。她到Coinbase面試時，阿姆斯壯與厄薩姆馬上考她一個很難的邏輯問題。問題是這樣的：有個殘酷的埃及法老要求臣民從一罐裝著黑色或白色彈珠的罐子中選一個彈珠，選錯就得死。麥格拉思反問他們，法老為什麼要這樣做（她的問題超出了原始題目的範圍），阿姆斯壯不耐煩地回她：「奴隸在造反，法老需要殺雞儆猴。」

麥格拉思回答：「嗯，我會把彈珠推到一邊，讓奴隸變得更有生產力。」厄薩姆說那答案是鬼扯，但阿姆斯壯喜歡她的答法，覺得突發奇想應該獲得獎勵。不久，他們錄取了麥格拉思，她和蘇亞雷斯分別是第六及第七名員工。

Coinbase擁有新創企業所需的一切，舉凡資金、導師、充滿幹勁的程式設計師，無一不備，偏偏就缺一個要素。它像矽谷的許多公司一樣，缺乏EQ。不過，自從麥格拉思來擔任幕僚長後，情況開始變了。

麥格拉思負責舉辦Coinbase的第一次全員外地活動，原本阿姆斯壯與厄薩姆想辦一場「狩獵採集」活動，要求每個員工自己狩獵與採集想吃的食物。麥格拉思巧妙地偏離了老闆的想法，安排大家去納帕谷（Napa Valley）旅行，並在暢

飲葡萄酒及泡溫泉之間安排了幾天的團隊比賽。

那次外地活動發揮了效用。麥格拉思的巧妙安排，消除了公司內部比較衝動火爆的性格，大家的互動變得更加融洽。連兩個被戲稱為「瓦肯瑞士銀行家」的領導人也多了一點感性（但比較常用於他們彼此之間）。多年後，厄薩姆回憶他和阿姆斯壯一起去夏威夷的歐胡島（Oahu）旅行的事時表示，那次旅行中，他們一起做了《紐約時報》一篇報導裡的三十六個問題，以拉近彼此的距離。旅行過後，他們的兄弟情誼又提升到另一個層次。

與此同時，這家新創企業的每月用戶數持續「往右上發展」，開始看起來像矽谷追求的另一種神聖目標：曲棍球棒。「曲棍球棒成長」（hockey stick growth）是指突然暴增。2013年接近尾聲時，Coinbase就是如此。當時它的客戶數量迅速逼近一百萬個錢包。比特幣價格飆漲推動了這一切。那年10月，比特幣的價格漲破兩百美元，11月漲破五百美元，12月漲破一千美元，比特幣的第一次榮景正如火如荼地展開。那年的年初，Coinbase為了募集五百萬美元的A輪融資，而吃盡了苦頭。現在，矽谷的頂尖創投業者搶著要投資他們，他們欣然收下了那些資金。於是，在2013年即將結束的前幾天，也就是Coinbase開業剛滿一年不久，他們完成了兩

千五百萬美元的 B 輪融資——這是幣圈有史以來獲得最大筆的投資。慶祝的時候到了！

. . .

「砰！」、「砰！」子彈穿過舊金山南部一座射擊場的射擊目標。阿姆斯壯與公司員工擊中目標時興奮地尖叫起來，也為他們身處幣圈頂端而興奮不已。Coinbase 的法規遵循長尼嘉利克也站在同事旁邊開槍。在射擊台上，她聽著槍響，突然間，她感覺到臉頰劃過一陣灼熱。一個熱騰騰的彈殼彈出槍膛，燙到了她的臉。難道這是預兆嗎？

4 重挫

Bust

　　在一個冷冽的早晨，太陽從舊金山東邊的橡樹山丘上冉冉升起。那是2014年的元旦，「天才老爹」比爾・寇司比（Bill Cosby）在這一年醜聞纏身，珍妮・葉倫（Janet Yellen）獲任為美國聯準會首位女主席。在海外，美國正面臨ISIS這個恐怖組織崛起；在國內，同性伴侶向法院爭取平等結婚權。在矽谷，科技投資者首次投資一家名為Casper的「盒裝床墊」公司[1]，以及一個名為Slack的古怪工作工具。《富比士》把叫車服務公司「優步」列為當年極熱門的新創企業。就在阿姆斯壯和Coinbase的員工忙著擺脫新年宿醉之際，舊金山仍在談論比特幣。

　　比特幣的價值從去年12月令人驚喜的一千一百美元高點回跌了一些，但依然在八百美元左右反彈。由於2013年

1　譯註：以前買床墊必須去實體店家選購，非常麻煩。Casper是透過網路銷售平價床墊，可將床墊捲成一筒塞入箱內，寄送到家。

初一個比特幣的售價才十三美元，這漲幅已經夠驚人了。更棒的是，那年11月，律師派翠克・默克（Patrick Murck）在美國參議院針對去中心化數位貨幣的好處作證後，籠罩著比特幣的監管烏雲終於開始消散。令許多人驚訝的是，參議員竟然對比特幣有興趣，甚至鼓勵比特幣的發展。默克是以「比特幣基金會」（Bitcoin Foundation）這個新組織的法務長身分到參議院作證。對他來說，那次聽證會是一年辛苦工作的成果。默克與其他來自各路的比特幣愛好者創立了「比特幣基金會」這個加密貨幣商會，目的是讓大家更尊重中本聰的發明。

在加密貨幣圈，不只比特幣蓬勃發展而已。其他加密貨幣紛紛出現，例如由Coinbase的李啟威開發出來的比特幣分支「萊特幣」、古怪的狗狗幣（dogecoin）等等，它們各擁粉絲，也像比特幣一樣可以兌換現實世界的貨幣。狗狗幣是一種新穎的貨幣，靈感來自大家喜愛的網路迷因「柴犬」，但它在現實世界中的價值已達數千萬美元。充滿遠見的程式設計師傑德・麥卡萊布（Jed McCaleb）在這之前已經創立全球最大的加密貨幣交易所[2]，他也在此時推出「瑞波幣」（Ripple），接著又開發出「恆星幣」（Stellar）[3]；如今，瑞波幣與恆星幣的價值加起來超過一百億美元。

　　與此同時，Coinbase 也面臨競爭。公司的早期投資者貝瑞·希爾伯成立了 Grayscale 公司，以信託股份的形式出售比特幣，這讓投資基金也能夠間接投資比特幣（基金的章程禁止直接購買比特幣）。此外，溫克勒佛斯兄弟拿臉書和解金投入比特幣後，發了橫財，他們拿獲利去投資新創企業 BitInstant。BitInstant 跟 Coinbase 一樣，為一般消費者提供輕鬆進入幣圈的入口，也為接受比特幣的商家提供服務，它的執行長跟冷酷的「瓦肯銀行家」阿姆斯壯不同，是個二十四歲的人來瘋，熱愛瘋狂派對，兼任比特幣基金會的副會長。2013 年底，一群創投業者大舉投資 Circle 公司，以對抗 Coinbase。就連幫客戶把比特幣存在山裡的 Xapo 公司，此時也推出一款可輕鬆購買加密貨幣的工具。

　　即使 Coinbase 的競爭對手比以往多，但在 2014 年初比特幣蓬勃發展期間，這些競爭都不太重要。這時有大量首次購買比特幣的用戶湧入市場，所以市場大餅不斷成長，每個業者雨露均霑。由於 Coinbase 可以從每筆交易收取手續費，

2　譯註：這裡指 Mt. Gox 這家總部設在東京澀谷區的比特幣交易所，它於 2010 年 7 月成立，到 2013 年至 2014 年已是全球最大的比特幣交易所，處理全球 70% 以上的比特幣交易。2014 年 2 月 Mt. Gox 因遭駭客盜取比特幣而下線，暫停網上交易，不久亦申請破產保護。

3　譯註：恆星幣是由瑞波幣區塊鏈分岔並進一步改寫。

新用戶大量湧入也意味它的營收激增。每個月的數據都是大幅「往右上發展」——客戶數的年成長率高達7000％。與此同時，戰力滿滿的戰鬥機老將懷特也說服越來越多商家接受比特幣。現在不只小型優格店家接受比特幣，懷特也迅速說服了線上零售商Overstock、線上旅遊公司Expedia、電腦業者戴爾（Dell）等商業巨擘嘗試加密貨幣。不久，他又跟每年八月在內華達州沙漠舉行的「火人祭」（Burning Man）簽約，為這個科技圈熱愛的狂歡派對提供比特幣服務，也藉此為Coinbase增添了幾分酷炫感。

這些商家的參與，再加上蓬勃發展的消費者市場，意味著2014年Coinbase成長後的業績看起來應該會像一根配得上曲棍球大帝韋恩‧格雷茨基（Wayne Gretzky）〔4〕的曲棍球杆。

豈料，天不從人願。

• • •

二月初，法國青年馬克‧卡佩勒斯（Mark Karpeles）坐在東京的一間公寓裡，他那隻橘白相間的虎斑貓蒂巴恩在一旁為伴。他很緊張。卡佩勒斯不善社交，卻是幣圈名人，

4　譯註：韋恩‧格雷茨基是加拿大著名的冰上曲棍球員，許多人認為他是冰上曲棍球史上最卓越的球員。

以「MagicalTux」這個網路化名經營全球最大的比特幣交易所 Mt. Gox。Mt. Gox 不是他創立的，而是程式設計師麥卡萊布開發出來的。麥卡萊布推出 Mt. Gox，起初是為了交易電玩《魔法風雲會》(*Magic: The Gathering*) 的卡片，所以才把網站命名為 Mt. Gox，亦即 Magic the Gathering Online Exchange (魔法風雲會線上交易所) 的縮寫。但不久麥卡萊布就把 Mt. Gox 改造成交易比特幣的網站，並於 2011 年將它賣給卡佩勒斯。卡佩勒斯雖不善社交，卻把 Mt. Gox 打造成龐然大物，接受來自世界各地的電匯，使 Mt. Gox 變成比特幣的首要集散地。2013 年，全球的比特幣交易中，有高達 70％在 Mt. Gox 進行。卡佩勒斯還擔任比特幣基金會的董事。但在 2014 年 2 月這天，他非常緊張，而且理由充分。

　　他坐在屋裡摸著愛貓時，電腦螢幕上湧現大量電子郵件與 Reddit 訊息，大家都在問同一個問題：「我的錢到哪裡去了？」這類訊息已經大量湧入好幾天，發訊者越來越憤怒，態度越來越強硬。卡佩勒斯知道那些問題的答案——很簡單：錢消失了。因為駭客入侵 Mt. Gox 的伺服器，盜走逾七十四萬個比特幣 (當時的價值逾五億美元)。當顧客科林・伯吉斯 (Kolin Burges) 連續兩週舉著寫有「Mt. Gox，我們的錢去哪了？」的牌子上東京街頭抗議，這場危機達到了高

潮。隨著恐慌加劇及價格暴跌，卡佩勒斯只能乾著急，不知如何是好。有「比特幣耶穌」之稱的自由意志主義者羅傑‧維爾於週五飛抵東京，主動表示他願意幫卡佩勒斯收拾爛攤子，但令維爾錯愕的是，卡佩勒斯竟然提議週末先放鬆一下，週一再收拾爛攤子。Coinbase的早期投資者希爾伯一度接到一通電話，問他是否願意收購Mt. Gox，他拒絕了。

「他們破產，無力償債了，我直接打電話給聯邦調查局。」希爾伯回憶道。

與卡佩勒斯共事的那些人在走投無路下，只能拚命發送一份備忘錄，裡面描述比特幣遭竊的災情，以及如何減輕這起災難的衝擊。但是在2月24日，知名的比特幣創業者班‧達文波特（Ben Davenport）把一份檔案洩露給瑞安‧塞爾基斯（Ryan Selkis）。塞爾基斯曾在銀行界任職，後來開始寫〈Two Bit Idiot〉部落格，成為頗具影響力的加密貨幣部落客。他把那份檔案公布在部落格上，向全世界證實Mt. Gox已經玩完了，許多比特幣用戶血本無歸，比特幣的榮景隨之結束。

在舊金山，Coinbase的團隊目睹了這場災難發生，也鬆了一口氣；他們慶幸自己做了個明智的決定，得以避免公司毀於一旦。就像許多比特幣事業一樣，Coinbase在營運的

第一年,大部分時間都是仰賴Mt. Gox提供比特幣日常交易的流動性。Coinbase會先預估它在一段期間內,需要多少比特幣來因應客戶的需求,再從Mt. Gox取得比特幣。此外,他們也借重厄薩姆在高盛學到的交易長才,建立避險部位,以便從比特幣的價格波動中獲利。那套系統在2013年的大部分時間都運作得很好,但後來,套用卡森維的說法:「Mt. Gox開始變得很怪。」

李啟威也回想起當時出現一連串警訊,它們都顯示卡佩勒斯經營的那個巨大交易所正走向核爆級的毀滅。李啟威指出:「Mt. Gox把不屬於我們的一百萬美元計入Coinbase的帳戶中,由於Mt. Gox看不到比特幣區塊鏈,那是憑空出現的錢。厄薩姆覺得這很不對勁,及時把Coinbase抽離Mt. Gox。」

但不是每個人都這麼幸運。就像一家大銀行倒閉會造成無數客戶深陷痛苦,Mt. Gox崩解也導致依賴它取得流動性的公司與數千名散戶血本無歸。與此同時,比特幣價格也開始暴跌。2月初大家已經清楚看到,去年12月的一千一百美元天價是泡沫,已經破滅。Mt. Gox崩解使比特幣的價格跌至近五百美元,而且這才只是開始──後來它持續暴跌很久,相當磨人。比特幣再度漲到一千美元是幾

年後的事了。

　　隨著價格下跌，比特幣的聲譽也隨之下滑。拜2013年的參議院聽證會及比特幣基金會的努力所賜，比特幣曾一度受到尊重。該基金會曾試圖像一般公會組織那樣運作，但是到了2014年，基金會信譽受創，陷入混亂。Mt. Gox爆發災難後，卡佩勒斯辭去基金會的董事。揭發整起事件的部落客塞爾基斯要求，基金會的會長與執行董事長也辭職下台，他指責他倆未能針對Mt. Gox即將崩解一事，提醒廣泛的比特幣圈，也指控他們與卡佩勒斯串通好以保護私有財產。與此同時，基金會的另一個代表人物也遇上了麻煩。溫克勒佛斯兄弟勸BitInstant的執行長查理・史瑞姆（Charlie Shrem）別再混夜店夜夜笙歌了，應該專心經營比特幣事業，但史瑞姆完全不理會金主的勸告。經營這類事業的一大重點，是必須順著監管機構的意思，但史瑞姆始終我行我素。某天，他從甘迺迪機場返國時，美國緝毒局（DEA）的特務以洗錢等幾項刑事指控為由，將他逮捕。後來史瑞姆認了幾項罰則較輕的指控，在聯邦監獄服刑一年多。涉入比特幣的重刑犯越來越多，史瑞姆只是其一。

　　當年5月，比特幣基金會任命其他人來遞補流失的管理階層，包括曾在迪士尼電影《野鴨變鳳凰》（*Mighty Ducks*）中

演出的前童星布羅克‧皮爾斯（Brock Pierce）。這項職務的任命引發其他會員的辭退浪潮，他們對皮爾斯過往的麻煩經歷感到震驚，例如有幾名前員工指控他使用毒品，強迫他們在未成年時發生性關係。

比特幣基金會是以商會的模式成立，但是到了2014年，整個基金會看起來更像是一群騙子，原本苦心建立的信譽已消耗殆盡。

更糟的是，相較於大奸大惡的犯罪分子利用比特幣搞的勾當，比特幣基金會那群騙徒所搞的蠢事根本是小巫見大巫。2013年底，媒體報導全球毒品市集「絲路」的幕後藏鏡人「恐怖海盜羅伯茲」被捕。那是個很適合拍成好萊塢電影的情境：在舊金山的某座圖書館裡，FBI的便衣特務逮住了「恐怖海盜」（又名羅斯‧烏布利希〔Ross Ulbricht〕），並在他關上筆電及加密所有資料前搶走他的筆電。那台筆電裡存放了那個龐大犯罪帝國的大量資訊，包括他藏匿的大量比特幣的私鑰。「絲路」就是仰賴比特幣交易，才得以無遠弗屆地運行。

這也促使知名檢察官霍恩破解了另兩起備受矚目的案子。自從上司要求霍恩打開FNU LNU檔案以起訴比特幣以來，她已經成為數位貨幣專家，不僅了解私鑰與加密的細

節，也開始教國稅局、緝毒局等機構的調查人員了解加密
貨幣的運作原理。與此同時，霍恩也發現，有兩名聯邦特
務不僅了解比特幣，還在調查「絲路」的過程中透過比特幣
中飽私囊。其中一名特務是特勤局的尚恩‧布里奇斯（Shaun
Bridges），他從收歸美國政府所有的「絲路」帳戶中，至少盜
用了一千五百個比特幣（當時的價值超過八十萬美元）。緝
毒局的卡爾‧馬克‧福斯（Carl Mark Force IV）更膽大妄為，
他不僅從絲路帳戶竊取比特幣，還向「恐怖海盜」洩露假的
執法情報，藉機勒索他；更離奇的是，他還策劃謀殺一位線
民（栽贓「恐怖海盜」謀殺線民甚至寄血腥照片給他，以顯
示線民痛苦地死亡）。不過，這兩個邪惡的特務都犯了一些
馬虎的錯誤，例如以工作用的筆電和「恐怖海盜」聯繫。布
里奇斯還告訴大家（包括檢察官霍恩），美國政府在比特幣
方面的一切事務都是由他負責。霍恩輕易地收拾了這個爛攤
子，最終把布里奇斯與福斯繩之以法，送進監獄——這也引
發另一波有關比特幣與犯罪的頭條新聞。這些邪惡的特務
不是霍恩最後一次起訴跟比特幣有關的案子。不久之後，
她又領導一項調查，擊垮惡名昭彰的比特幣交易所BTC-e。
BTC-e是由一個神祕的俄羅斯人所經營，為世界各地的犯罪
分子提供洗錢服務。

2013 年比特幣泡沫破裂後，比特幣方面的消息往往是壞消息，但也有搞笑的烏龍消息。其中最引人注目的，發生在 2014 年 3 月。當時曾暫時停刊的《新聞週刊》（*Newsweek*）挾著一條比特幣的獨家重磅新聞重返報攤：它破解了中本聰的真實身分。在引人注目的封面故事中，該雜誌披露，比特幣的創造者一直隱居在洛杉磯郊外，他是一名六十四歲的日裔美國人，名叫多利安·中本聰（Dorian Satoshi Nakamoto），與母親同住。這則報導導致一群記者在洛杉磯的高速公路追著多利安跑。後來他們在餐廳坐下來訪問多利安，發現這位據傳發明比特幣的人根本對加密貨幣一無所知。第二天，一個與真正的中本聰有關的線上留言板帳號，在沉寂多年後突然發出一則簡單的訊息：「我不是多利安·中本聰。」

除了《新聞週刊》，所有人都認為那個比特幣大爆料是失敗的，《新聞週刊》的信譽也因此蕩然無存。與此同時，一群長期支持比特幣的人也覺得倒楣的多利安很可憐，他們募集了六十七個比特幣來幫他度過難關。多年後，多利安把那些捐款兌換成數十萬美元的現金，自己也變成比特幣的愛好者，偶爾以和藹可親的奇人身分，出現在加密貨幣的大會上。就像許多與比特幣有關的東西，他那張困惑的臉變成了

迷因，此後經常出現在推特及加密貨幣的留言板上。

多利安的奇遇為比特幣的發展帶來了暫時的笑果，但是到 2014 年的年中，比特幣的前景依舊黯淡。這不單單是因為絲路的存在以及它持續與犯罪掛鉤，導致比特幣的聲譽受創，更大的問題在於，比特幣原本可望成為一種革命性的新支付方式，如今看來這個希望正迅速落空。

雖然 Coinbase 和另一些公司讓購買比特幣變得更容易，但在現實世界使用比特幣依然很麻煩。即使有越來越多商家接受這種貨幣，但是對許多人來說，那只是一種噱頭。事實證明，中本聰的發明是一種糟糕的付款方式，部分原因在於它可能需要等十分鐘甚至更久，才能夠確認交易結清。更糟的是，比特幣的價格波動太大，消費者的購買力可能在一個下午就縮水 20％。即使有卡森維這樣的鐵粉努力只靠比特幣生活，一般消費者還是比較喜歡用更簡單的付款方式，例如快速刷卡或感應信用卡，或使用 Venmo 這種新奇的轉帳 app。既然有其他更簡單的付款方式，那何必使用這種又慢又難用的東西呢？

此外，大家原本期待比特幣是一種包容性高又親民的貨幣，但針對比特幣用戶所做的研究顯示，實情並非如此。媒體報導指出，比特幣的用戶中，男性比例高達 96％。即使

以矽谷的標準來看，這個男性比例也太高了。此外，一些幣圈活動以衣不蔽體的女性為號召，展現出科技業最糟的「辣妹秀展」文化。

還有，比特幣的價格直直落。2014初夏暫時止跌回升後，秋天又跌至四百美元，並繼續下探。到2015年，價格僅略高於兩百美元，比2013年底的高點少了80%以上。

許多比特幣的信徒陷入低潮。這時Coinbase約有近五十名員工，當中有些人也很鬱悶。

但不是每個人都那麼悲觀。2014年的新年前夕，亦即Mt. Gox倒閉十個月後，卡森維站在舊金山的一場派對外，用手機購買比特幣。他欣喜若狂地對朋友說：「你們相信比特幣現在有多便宜嗎？以後再也不可能出現這種價位了。」

5 低迷時期

Hard Times

　　厄薩姆與阿姆斯壯那個「衝破銅牆鐵壁」的理念，對公司很有幫助。這句口號激勵員工以追求成長的名義，完成幾乎不可能的壯舉。但是就像臉書一樣（早期的座右銘是「快速行動，打破陳規」），Coinbase也為這種橫衝直撞的經營風格付出了代價。「衝破銅牆鐵壁」這招，有效時是一種殺手鐗，無效時只會撞得鼻青臉腫。

　　比方說，Coinbase早期智取蘋果的方式就很巧妙。它讓客戶在其app裡直接買賣比特幣，同時在審查app的庫柏蒂諾禁用了買賣功能，藉此把iPhone製造商蒙在鼓裡，公然藐視蘋果的規範。蘋果僅僅花了幾個月就破解了這個詭計，並立刻把Coinbase從App Store下架。

　　有時Coinbase衝破銅牆鐵壁時，卻發現牆的另一邊什麼也沒有。例如：前空軍上尉懷特卯足全力與數十個商家簽約，讓他們接受比特幣，其中包括十家營收逾十億美元的公

司。阿姆斯壯與厄薩姆都以為，簽下這些公司就相當於打開一座金礦。只要零售商接受比特幣支付，Coinbase就可以從中抽取手續費。聽起來很有道理，實際上這需要有源源不絕的顧客願意使用比特幣購買咖啡、家具，以及其他一切東西才有可能。然而，這種消費其實少之又少，不是大江大河，只有涓涓細流，而且後來連涓涓細流也乾涸了。後續幾年，Coinbase持續拓展新的事業線，但每次都不了了之。

「公司希望在各方面都做到最好，」Coinbase的第二號員工，靦腆的工程師哈梅爾回憶道，「但經紀業務一直是我們的主要收入來源。」

難以發展多角化的業務，不是Coinbase獨有的問題。矽谷的其他科技公司，即使是規模最大的，也是靠核心業務獲得大部分收入，尤其是利潤，包括Google及其母公司Alphabet也是如此。Alphabet涉足多元領域，從自駕車到人類生物學，幾乎什麼都沾一點，但這些投資大多是賠錢的，為它帶來大部分現金的依然是搜尋引擎廣告。據報導，臉書想將購物導入其平台，但屢屢失敗；臉書也試圖打入手機市場（例如推出短命的Facebook手機），卻是一大敗筆。重點是：對一家公司來說，能開拓數條賺錢的事業線當然很棒，但是就像Coinbase一樣，他們做了以後才發現

這實際做起來非常困難。

2015 年，儘管比特幣的發展持續低迷，阿姆斯壯依然很樂觀。而且在 2015 年年初，Coinbase 就完成了高達七千五百萬美元的融資，使 Coinbase 的資金從阿姆斯壯加入 Y Combinator 起算，總計達到 1.06 億美元。這些投資者中，有一些是創投業的老面孔，也有一些來自華爾街的新面孔。由此可見，以往對加密貨幣嗤之以鼻的傳統金融圈，終於開始認真看待比特幣了。Coinbase 的支持者此時包括紐約證交所、銀行業巨擘 USAA、花旗集團（Citigroup）前執行長維克拉姆·潘迪特（Vikram Pandit）等。

Coinbase 也把觸角延伸到更多國家，包括二十幾個歐洲國家、加拿大、新加坡。此外它還展開一項關鍵行動：推出一個專業交易所。Coinbase 最初的零售產品是讓一般的個人買賣比特幣，新推出的專業交易所則是加強版，它讓重量級客戶一次買賣價值數千萬或數百萬美元的比特幣。為了慶祝新交易所啟用，Coinbase 的員工穿上睡衣徹夜不眠，以便隔天早上啟用代號為「登月」（Moon Launch）的交易所。這個代號是向幣圈最愛的說法「衝向月球」（to the moon）致敬，那是指加密貨幣的價格暴漲，使得每個人一夕致富。當商家的比特幣支付寥寥無幾，創立這個交易所也代表新的事業線。

Coinbase 從這個交易所收取的手續費僅0.25%，遠低於它向散戶收取的2%，但交易規模大得多。例如一家避險基金透過這個交易所購買一百萬美元的比特幣，將付給Coinbase兩千五百美元手續費。這個交易所只要做得起來，Coinbase就能拓展客群，除了吸引核心的比特幣散戶，還能招攬法人客戶。

• • •

新資金挹注及專業交易所上線，都是可喜可賀的好事，但這還是無法掩蓋一個醜陋的現實：比特幣的價格依然在谷底殘喘，交易量也停滯不前。與此同時，阿姆斯壯需要學習如何在低迷時期領導團隊，偏偏他向來學習比較緩慢。他去四個城市出差（從倫敦到赫爾辛基），以提振歐洲各地對比特幣與Coinbase的興趣時，這個缺點表露無遺。阿姆斯壯向來習慣戴著耳機、貼近螢幕、瘋狂撰寫程式，四處宣傳令他惴惴不安，根本是內向者硬著頭皮做外向者的工作。身為執行長，阿姆斯壯需要推銷、交際、熱情招待媒體，這些都是他不喜歡做的事；他只喜歡把熱情投注在產品上。

阿姆斯壯後來在部落格裡寫道：「產品永遠不夠好，每次想到我們的產品狀態，我就覺得渾身不對勁，尤其是運作

緩慢、漏洞百出或不方便的時候。那是一種執念。」這位性格內向的執行長後來發現,比起透過口說,透過書寫更能向全體員工與客戶傳達他的想法。

　　厄薩姆曾是膽識過人的交易員,面對外界的任務通常由他負責,但那次歐洲之行,厄薩姆必須留在美國處理緊急事務,阿姆斯壯只能獨自擔起宣傳的重責大任。他前往巴黎,準備在剛成立的「比特幣之家」(Maison du Bitcoin)[1]登台宣傳。火車駛進巴黎時,阿姆斯壯看著陰沉沉的天空,感覺像洩了氣的氣球。隨著那次旅程的展開,他做的事情越來越多,但他還是喜歡縮回最愛的地方──「戴上耳機」的私人世界。在那裡,任何東西、任何人都無法打擾他。進入這個內心世界雖然不適合為Coinbase宣傳,卻賦予阿姆斯壯一種非比尋常的能力,讓他不管壓力再大都能享有片刻的寧靜。

　　這不表示Coinbase的其他人也能如此。在舊金山,氣氛變得越來越緊繃。Coinbase現在有幾十名員工。2015年4月,這些員工與那條鬥魚中本聰終於搬離了布魯索姆街上的那間擁擠公寓,進駐舊金山主要幹道市場街上的真正辦公空

1　譯註:比特幣之家是歐洲第一個比特幣中心。

間。隨著比特幣的價格持續下探，換新的辦公室並未驅散悲觀的情緒。只有卡森維、哈梅爾這種死忠的比特幣信徒不受影響。「你看比特幣價格以外的任何指標，都會帶給你很強的信念與信心。」哈梅爾回憶起2014年與2015年的低迷市況時說道。

然而公司其他人的信念就沒有那麼堅定了。2015年，Coinbase有三分之一的新進員工離職，這促使麥格拉思遊說阿姆斯壯與厄薩姆，對員工做職場滿意度調查。調查顯示員工焦慮不安，士氣低落，這個結果令他們相當震驚。

厄薩姆看到調查結果時，不禁咆哮：「去你媽的士氣！你不相信比特幣和這家公司的話，就不該在這裡工作。」（多年後，如今極其富有的厄薩姆回想起那段艱困期時說道：「那時很多沒有福氣的傢伙失去了信心。」）但在2015年，Coinbase董事會的看法跟厄薩姆不一樣。當時董事會已經對創辦人專橫的管理風格感到擔憂（例如阿姆斯壯說：「如果你跟我談話時沒讓我大吃一驚，我根本不在乎你說什麼。」），於是他們採取一種熟悉的補救措施：聘請顧問與教練。阿姆斯壯和厄薩姆不是第一批需要磨平稜角的矽谷高管，董事會因此趁這個機會，下重本來磨練他們。

這並不是說他們缺乏人性。Coinbase的長期員工描述，

阿姆斯壯與厄薩姆的性格是直來直往，不含糊其辭，但是
在關鍵時刻，他們還是有慈悲包容的心。曾任空軍飛行員
的懷特回憶道，當他的母親因癌症過世、他仍努力上班時，
他們對他很好。個性靦腆的工作狂哈梅爾則記得，創辦人以
前還會特地為他慶生。儘管如此，阿姆斯壯與厄薩姆的日
常言行、工作狂熱（要求其他人跟他們一樣瘋狂工作），以
及漠視員工士氣低落等問題，往往殘酷到不近人情，所以
Coinbase的董事會決心好好解決這些狀況。

　　遺憾的是，一些補救措施的效果適得其反。阿姆斯壯喜
歡名為「自覺領導」（Conscious Leadership）的流行管理方式。
員工形容那是一種混合「新紀元潮流（New Ageism）」與「十
二步療癒計畫」〔2〕的東西，他們戲稱那就像美劇《矽谷群
瞎傳》（Silicon Valley）裡演的內容。「自覺領導」要求大家奉
行「十五個承諾」，鼓勵員工在遇到大大小小的衝突時，使
用奇怪的語言與儀式，例如對同事說：「我可以坦白告訴你
嗎？」接著就開始發牢騷，但套用以下場面話：「事實是這
樣……」、「我告訴我自己……」、「音量大了，你生氣了！我
也受到了刺激。」

2　譯註：「十二步療癒計畫」通常是用來治療上癮（毒癮、菸癮、酒癮等）或強迫
　　症的方法。

麥格拉思說：「那種管理方式令人困惑，導致大家更擺爛。那可能很適合自我實現，但是套用在職場上，是很糟的工具。」她不只一次為了公司爆發的衝突，而躲進洗手間哭泣。

然而阿姆斯壯認為，「自覺領導」很理想啊。對他的工程師大腦來說，那就像一種情感方程式，直接把情感簡化為公式。在資料導向的矽谷，套公式很合理啊。

• • •

2015年，比特幣價格漲到一千美元的日子已成遙遠記憶，媒體與一般大眾如果還記得加密貨幣與區塊鏈，只覺得那是曇花一現的狂熱。相較於其他同業，Coinbase至少還可以慶幸公司保有清譽，但是在幣圈發生一連串事件後，Coinbase也覺得自己前途未卜。

創投業者克里斯・迪克森（Chris Dixon）指出：「Coinbase的策略是成為加密貨幣的白騎士。」那是指不參與任何導致比特幣聲名狼藉的不法勾當。在這個充斥著邪門歪道的產業，Coinbase想藉由正派脫穎而出。Coinbase的第一位律師蘇亞雷斯多年後回顧時表示，Coinbase成功的策略很直截了當，他說：「大策略無法讓我們勝出，我們只需要做到以

下這幾點就好了：『不要被駭，不要違法，維持銀行關係。』」

　即使全世界都這麼想，但阿姆斯壯與厄薩姆知道那不見得是對的。畢竟，Coinbase 已經被駭客入侵一次（幸好沒走漏風聲），而且他們也搞砸了一段重要的銀行關係。

　矽谷銀行（SVB）在銀行界可謂獨樹一幟，那是由步調緊湊的科技創業機制建立的，也是為科技新創企業服務。它的風險概況（risk profile）與其他銀行截然不同。SVB 為成千上萬家新創企業提供資金命脈。就像《哈利波特》系列裡的古靈閣巫師銀行，或《權力遊戲》（Game of Thrones）中的布拉佛斯鐵金庫，SVB 是由一群特別的銀行家經營，他們有自己的規矩。新創企業還沒有營收嗎？沒問題。SVB 之所以成立，就是為了滿足矽谷的需要，它專門接其他銀行不想碰的那些高風險新創企業。SVB 是由一小群關係緊密的創辦人、創投業者、科技孵化器組成的。

　不過 SVB 雖然抱著以矽谷為中心的世界觀，它也不太看好 Coinbase 及其前景。當初是由於合廣創投公司的威爾森在一旁敲邊鼓，SVB 才勉強接下這筆生意。在 SVB 看來，問題不是出在阿姆斯壯或 Coinbase 的商業計畫，而是在比特幣。比特幣就像新興的大麻產業，在大家眼中有違法之虞，又有不受監管的波動性。Mt. Gox 已經證明了這點。銀

行家覺得比特幣業者就像尚未爆炸的地雷，是在一個合法的地下世界裡運作。只要一個閃失，這種新創企業就有可能在聯邦刑事調查中炸毀，使得那些資助比特幣業者的銀行受到牽累，遭受巨額罰款。SVB認為，比特幣業者還是別碰的好。

但矽谷銀行為Coinbase破了例。這是因為有威爾森出面背書，也是因為Coinbase把自己塑造成一家科技公司。Coinbase的一位前高管說明當初公司是如何說服SVB與他們往來的：「他們明明不是軟體公司，卻聲稱他們是。」

對Coinbase來說，讓SVB成為往來銀行是個妙招，但這只是跨入門檻的第一步，它還必須讓SVB滿意。SVB已經看多了反覆無常的創辦人與高風險事業，但Coinbase彷彿處於金融、科技、監管這三角的邊緣。也就是說，銀行資助Coinbase的風險，遠比資助一個打造協作軟體的矽谷公司還高。

在軟體開發及事業發展方面，像阿姆斯壯和厄薩姆那樣「衝破銅牆鐵壁」沒什麼不好；但是在法律與監管方面，這樣衝撞體制就不妙了（尤其對投資金主來說更是如此）。Coinbase的法規遵循長尼嘉利克認為，這樣衝撞只會製造麻煩。她的任務是說服兩位強硬的創辦人採取比較迂迴耗時的

方式，盡量符合政府的要求。尼嘉利克回憶道：「那是他們第一次面對現實，你不能在毫無洗錢管控下在世界各地轉移資金。」

阿姆斯壯與厄薩姆並未欣然接受銀行監督。他們兩人（不管他們是否知道）採取了提爾十五年前創立 PayPal 時的強硬方式。PayPal 跟 Coinbase 一樣，是走在時代尖端。套用提爾自己的說法，PayPal 是處於科技與政治互別苗頭的競賽中。在那種競賽中，律師與法規遵循人員只會拖慢你的速度。一位 PayPal 的高管告訴提爾，他應該聘請一個大型的法律團隊來引導他們，（本身就是律師的）提爾當場就否決了那個提議，他說：「我們不會聘請法律團隊，他們只會告訴我們不能做什麼。我們必須繼續做下去，不聘請律師，直接硬幹。」

提爾在 PayPal 的早期做法，與 Coinbase 的「衝破銅牆鐵壁」很像，但兩者有個關鍵的差異：提爾指出，PayPla 是創立在九一一恐攻及《美國愛國者法》（Patriot Act）之前，那時政府審查銀行業沒那麼嚴格。

理論上，這表示阿姆斯壯與厄薩姆應該聽從尼嘉利克的意見，但實際上他們爆發了多次爭吵，每次爭吵上演的方式都大同小異。先是尼嘉利克發現一些可能驚動監管機關、有

待商議的作法，於是提議採取一些措施，好讓Coinbase符合美國銀行法的規定。阿姆斯壯仍根據Reddit論壇上的討論做直覺判斷，他會否決尼嘉利克的提議，並質問那些作法是否違背比特幣的初衷。

此外，尼嘉利克所代表的法規遵循部門屬於成本中心，不會創造任何客戶或產品，這又導致她在公司的立場更加弱勢，畢竟她是在築牆，而不是在衝破銅牆鐵壁。

阿姆斯壯與厄薩姆連續幾次公開失言，尼嘉利克都來不及阻止。那些失言導致Coinbase一度閃亮的光環變得黯淡。例如，他們在尚未徵詢監管機關的意見前，就搶先宣布公司將在幾個州開設有營業執照的交易所。那基本上等於是宣布，他們的加密貨幣業務很快就會擁有一般證交所或經紀公司的合法地位。尼嘉利克在手機螢幕上看到厄薩姆吹噓的新聞時，正好在迪士尼樂園慶祝生日，當下她的臉都綠了。

厄薩姆擅自吹噓的消息很快遭到打臉，加州強大的金融監管機構「商業監督局」（Department of Business Oversight）馬上以「消費者警訊」公開駁斥其說法。紐約州官員隨即跟進，並告訴《紐約時報》Coinbase一直是無照營業（這與厄薩姆的說法恰恰相反）。

更糟的還在後頭。厄薩姆做了一份投影片要給投資金主

看，當中強調比特幣有四大優點，包括交易成本少、詐騙風險低等明顯長處。但是他把比特幣「不受各國約束」列為第一個優點，還舉俄羅斯為例。這點可能是真的（在很多情況下，政府確實無法阻止比特幣流通），但是公司的投影片上宣傳這點等於是宣稱「我們的產品不受美國銀行業約束」。

不久，就有人把厄薩姆那份投影片洩露給媒體。2015年2月，保守派媒體《華盛頓自由燈塔報》（*The Washington Free Beacon*）報導了那份投影片的內容，標題直言 Coinbase 宣稱加密貨幣是規避美方制裁伊朗的工具。投影片上的短短一句話，就把 Coinbase 推入地緣政治中。

矽谷銀行覺得他們實在受夠了，他們的法務部門一直密切關注著 Coinbase。在 2015 年春季的半年風險評估中，他們直接與 Coinbase 斷絕往來，關閉其銀行帳戶，收回信用額度，不再提供幫助。這對 Coinbase 是空前的災難，因為在缺乏銀行下經營加密貨幣事業，就像在沒有冰箱下銷售冰淇淋。Coinbase 的一名長期投資者兼顧問覺得，矽谷銀行的這些舉動是意外的打擊，令他感到憤怒，也覺得遭到背叛。

矽谷銀行倒沒有馬上切斷 Coinbase 的命脈，而是給它六個月寬限期去找另一家銀行。幸好 Coinbase 找到了，但也嚇到只剩半條命。卡森維回想起當時公司經歷的震撼與混

亂，他表示：「矽谷銀行切斷我們的金流，那無疑是一次攸關存亡的打擊。」長期以來尼嘉利克與阿姆斯壯間的關係就相當緊繃，經此打擊終於引爆。阿姆斯壯只給尼嘉利克一個下午，叫她收拾東西，馬上離開。

• • •

2015年伊始，Coinbase已經準備好恢復以前的蓬勃漲勢，然而那年接近尾聲時，公司感覺更像一輛卡在空檔的雪佛蘭老車。董事會開始焦躁不安，他們逼阿姆斯壯做企業轉型（pivot）。「轉型」是矽谷另一個流行詞彙，是指「現行作法行不通，試試別的吧」。有些個案轉型得相當成功，例如：Slack在轉型成價值數十億美元的辦公通訊平台前，本來是個瀕臨倒閉的電玩網站；Airbnb一開始是為大型秀展或會議提供住宿。然而，更常見的是，轉型只是新創企業倒閉前的最後一搏。

董事會希望Coinbase轉型做企業區塊鏈。企業區塊鏈是幣圈剛興起的一股風潮，IBM、微軟等公司都針對比特幣著名的帳本技術，設計了私有化的版本，那相當於一種「僅限會員」的區塊鏈，由少數幾家公司掌控，不需要創造或使用貨幣，就可以創造出防篡改的交易紀錄。

　　阿姆斯壯馬上否決了這個提議。他當初創立Coinbase
可不是為了建立企業資料庫，而是為了傳播中本聰的願景
（讓一種新型貨幣在完全自由的全球帳本上運行）。如果說比
特幣是一匹在荒野上奔馳的野馬，企業區塊鏈就像只能上上
下下晃動的旋轉木馬。阿姆斯壯寧可讓公司倒閉，也不想做
企業區塊鏈。

　　遺憾的是，理想再怎麼豐滿也無法幫公司發薪水。
Coinbase已經有35％的工程師對公司幻滅，辭職去尋找
矽谷的下一個熱門產品。現在，隨著2015年即將結束，
Coinbase不得不進一步裁員。一直以來，阿姆斯壯和厄薩姆
都會為公司預留兩年的營運現金，以因應局勢惡化，如今這
筆緊急備用金正迅速縮水。某次開會時他們意識到，除非裁
掉四成的員工，否則公司再也無法經營下去。其他選項都需
要靠天降奇蹟才有可能。2015年的最後幾天，阿姆斯壯和
厄薩姆坐在市場街的Coinbase大樓裡，草擬了一份裁員名
單。這樣做不是為了精簡人事，而是為了保命做緊急截肢。
但有一件事讓他們對裁員猶豫不決。

　　2015年10月底，比特幣的價格在當年首度漲破三百
美元。11月，比特幣的價格先是漲到四百美元，隨後又暴
跌25％。12月，價格攀升到近五百美元時，阿姆斯壯與

厄薩姆覺得他們企盼的奇蹟來了。比特幣的價格越高，表示 Coinbase 賺的佣金用多，他們存在銀行的資金也越多。更棒的是，比特幣的最新行情又引起媒體密切關注，並為 Coinbase 帶來大量新客戶。阿姆斯壯與厄薩姆覺得，他們可以扔掉裁員名單。比特幣回血了，Coinbase 辦公室裡的氣氛又轉趨熱絡。

6 幣圈內戰
Civil War

　　大家期待已久的比特幣價格反彈一直延續到2016年初，這讓Coinbase鬆了一口氣。然而，在外頭更廣泛的幣圈裡，一些狗屁倒灶的事情正在醞釀，由於比特幣開始出現派系之爭，阿姆斯壯也遭到攻擊。榮景回歸理當是件可喜可賀的事，沒想到卻加速引爆了一場醞釀已久的衝突。

　　衝突的根源很簡單：比特幣網絡如此壅塞，該如何抒解？多年下來比特幣的用戶已經激增，然而支撐比特幣流通的基礎設施卻維持不變。這是個問題，因為用戶越多，交易越多——那些交易都必須記錄在區塊上，並增添到比特幣的區塊鏈，才能成為正式交易。一個區塊能容納的交易有限，通常是兩千筆左右。多出來的交易需要由後面的區塊處理，但每十分鐘才會出現新的區塊，這導致未處理的交易越來越多，就好像觀眾從洋基體育場湧出，排隊等著搭地鐵一樣。

　　在Coinbase，如果客戶是把比特幣轉到另一個Coinbase

的帳戶，那不會受到交易壅塞所影響，因為 Coinbase 會內部清算那些交易；但如果比特幣是轉到外部帳戶，就會卡在等待處理的序列中，因為交易雙方都得等待交易出現在緩慢的區塊鏈上。這對於買進比特幣作為投資的人還不算什麼大問題，但對於使用比特幣購買咖啡的人，光是付款就要等上一個小時甚至更久。不用說，只有最死忠的加密貨幣信徒（例如靠比特幣生活三年的卡森維），才會選擇用比特幣支付，而不是刷卡、使用 Venmo 轉帳或付現金。而對零售業者來說，比特幣的交易速度顯然太慢、代價太高，根本無法取代現金或信用卡交易。

　　比特幣的圈內人討論這個缺陷、討論如何擴大服務數百萬用戶，已經好幾年了，有些人提出了一些解決方案。有個直截了當的方法是修改比特幣的程式碼，把區塊鏈上每個區塊的大小從 1MB 擴充成 2MB。這樣一來，每次更新時記錄的交易量就能多一倍。太多人等地鐵嗎？那就改成雙層車廂吧。這也是阿姆斯壯支持的作法。

　　數學上來說，這能大幅解決交易積壓的問題，但有一部分程式設計師反對這樣做。這些人是「比特幣核心派」（Bitcoin Core），他們是幣圈中最具影響力的派別，因為他們維護及擴展了中本聰的原始碼。這一百多位開發者就像是比

特幣的立法院，一般來說，他們修改比特幣的程式碼時，
用戶都會接受修改。當中值得注意的成員包括彼得‧威勒
（Pieter Wuille），這個頭髮蓬亂的比利時人擁有資工博士學位。
不過威勒和其他核心派成員喜歡維持低調，他們是透過一種
幕後共識來修改程式碼。

比特幣核心派反對擴充區塊，因為那樣做可能威脅到中
本聰的比特幣願景（個人用戶比法人用戶更重要）。他們覺
得區塊改成2MB後，開採成本更高，財力雄厚的人可以提
高運算力以取得優勢，而法人通常又比個人擁有更多資源。

這個論點有幾分道理，也是委員會、讀者投書或簡報中
常提到的技術爭論。但這是比特幣的世界，所以這個問題變
成激烈的理念之爭。「大區塊派系」與「小區塊派系」爭論
不休，不久就演變成一場網路版的正統之戰。

「小區塊派系」非常強硬，他們試圖把對手隔絕在討論
這件事的社群論壇外。他們覺得Coinbase是「大區塊派系」
的主力，所以對Coinbase的伺服器發動「阻斷服務攻擊」（簡
稱DoS攻擊）。他們甚至跟自己的盟友翻臉，把麥克‧赫恩
（Mike Hearn）趕出小區塊派系。赫恩曾任職Google，也是中
本聰的盟友，對比特幣早期的網絡架構貢獻良多。赫恩遭到
盟友驅逐後，把當時的局勢描述為公開的內戰。

《富比士》的記者羅拉‧辛（Laura Shin）後來開了一個頗具影響力的加密貨幣播客。她為《富比士》寫了一篇報導，描述2016年的區塊大小之爭：「推特上充斥著謾罵、挑釁、霸凌、封鎖、威脅，有些爭執持續了好幾個月，回應多達數百則。任何人針對比特幣所發的推文或回應，不管是多久以前發的，都有可能被挖出來批鬥。中本聰的字句再怎麼斷章取義（或虛構），都有人拿來佐證自己的論點。」

阿姆斯壯很容易被當成箭靶，他也是對手喜歡攻擊的目標。長久以來，比特幣的基本教義派就一直抨擊他，說他創立Coinbase就是背叛比特幣。他們覺得Coinbase根本不該存在，因為它沒有讓用戶掌控個人錢包的私鑰，而是提供集中的管理服務。如今阿姆斯壯又支持大區塊，那些狂熱的比特幣信徒有了攻擊他的新理由，也有理由把他們以前對中央化處理的不滿一併拿出來講，新仇舊恨一起報。

加密貨幣顧問公司Blockstream是小區塊派系的盟友，該公司高管繆永權（Samson Mow）表示：「很多人認為這傢伙不知道自己在說什麼。你注意歷史的話，會發現阿姆斯壯一再主張擴大區塊，但每次都失敗。」

繆永權的批評還算客氣。社群媒體與阿姆斯壯很認真瀏覽的網站Reddit批評得更難聽。不過，與矽谷多數人不同的

是，阿姆斯壯不太看Techmeme和TechCrunch這兩個經常報導業界消息與八卦的網站。他比較喜歡Reddit與Hacker News的喧鬧，這兩個網站鼓勵用戶分享新聞標題及談論他們最喜歡的話題，包括加密貨幣。Coinbase創立以來，阿姆斯壯與厄薩姆一直積極參與那些網站上的辯論，例如說明及捍衛公司的決定、與粉絲和批評者交流。但是，2016年，在關於區塊大小的辯論中，討論轉趨惡毒。Reddit上一個熱門的區塊鏈論壇開始阻擋阿姆斯壯與其他支持Coinbase的人參與討論。匿名的駭客也攻擊Coinbase的網站，甚至對該公司的高管發出死亡威脅。

以前Coinbase還在布魯索姆街時，就有怪人與流浪漢擅自闖入他們的辦公室，因此安全問題對這家公司來說不是什麼新鮮事，但收到死亡威脅還是很極端。2014年，Coinbase雇用了原本擔任臉書保全長、留著大鬍子的巨漢雷恩‧麥吉南（Ryan McGeenan），擔任阿姆斯壯的保鏢，也密切注意網路上的威脅；Coinbase為他取了個暱稱「麥巨」（Magoo）。

由於加密貨幣具有隱匿性，這意味著整個加密貨幣社群充斥著犯罪分子。隨著比特幣成長，比特幣世界裡的犯罪事業也跟著蓬勃發展。搶劫與綁架越來越常見。接替「麥巨」

擔任Coinbase保鏢的菲力浦・馬丁（Philip Martin）對自身工作相當戒慎恐懼，他指出：「現在連綁架業都在創新。歹徒了解加密貨幣與Coinbase，而且願意使用暴力的機率一年高過一年。」

馬丁和許多保全人員一樣曾是軍人，但也是電腦技客。當初他從軍時，招募者承諾他在軍中有機會使用高科技軟體，於是他加入了反情報部隊。馬丁不屑地說：「他媽的那都是謊言，軍中根本沒有電腦。」不過派駐非洲、拉丁美洲、伊拉克時，他終於有機會磨練反駭客的技巧。在Coinbase，他繼續打擊駭客，包括來自北韓軍方的駭客——北韓士兵由於缺錢，靠搶劫比特幣維生。

為了擊敗這些竊賊，馬丁設計了複雜的安全方案，來存放公司的加密貨幣準備金，但是他不願透露細節，理由不難想見。不過目前已知的是，他們將數位金鑰存放在能阻絕網路訊號的金屬盒子裡，並安排一組精挑細選的授權人員，必須把這些人組合起來，才能取得金屬盒裡的數位金鑰。此外取得比特幣的金鑰是分散在數個祕密地點。馬丁解釋：「我們的理念是『唯共謀能破』。」也就是說，除非很多人串通好（這幾乎不可能發生），否則不可能在未經授權下取用Coinbase的加密貨幣準備金。

　　然而，儘管採取了所有預防措施，馬丁最怕的還是暴力又無知的人。他說：「我最擔心的是，有些人對加密貨幣一知半解，不知道Coinbase沒有地方存放加密貨幣。」

　　面對越來越多安全威脅，阿姆斯壯都沉著以對。在區塊大小之爭日趨白熱化、Coinbase遭到駭客攻擊、他收到死亡威脅時，大家稱之為「內戰」，他則是把這場爭論視為比特幣的抉擇流程。不過，他的耐心正逐漸消耗。

　　在佛羅里達州聖露西港（Port St. Lucie）的一家奢華Club Med夜店，霓虹燈旋轉著，DJ播放著庸俗的電子音樂。阿姆斯壯一如既往穿著牛仔褲和緊身T恤，與李啟威一起坐在裡面。他們是來參加中本聰圓桌會議（Satoshi Roundtable），那是由數十名最具影響力的比特幣玩家一起參與的年度聚會。今年的圓桌會議至少理論上有個崇高的目的：結束內戰，為了眾人的利益，化解大區塊派系與小區塊派系之間的分歧。實際上，這是一場匯集許多幣圈小派系的哥兒們聚會。

　　YouTube上有一支影片記錄了那場圓桌會議的實況：影片中有兩個自封為主持人的傢伙，他們醉醺醺地嚷嚷了幾個小時，並訪問了幾個同樣喝得爛醉的與會者。整場會議彷彿一部嘲諷比特幣世界的漫畫轉化為現實，當中每個人看起來都既笨拙又自負；現場幾乎都是男性，大多是白人。阿姆斯

壯婉拒了主持人的採訪，豈料他們竟然惱羞成怒，以一些恐同的幼稚言論攻擊他，並在直播中說：「他看起來有點像老二。如果你愛老二的話，他挺帥的。」諸如此類的低級言論。

阿姆斯壯與李啟威來參加圓桌會議，是真心想找出方法解決比特幣難以擴大規模的問題，但他們離開時只感到絕望。「有些（支持小區塊的）人溝通技巧很糟或不夠成熟，」圓桌會議結束後，阿姆斯壯在他的部落格發文寫道，「智商高並不足以讓團隊成功，還需要合理的取捨、合作、好相處、溝通、容易共事。」

這就是典型的阿姆斯壯，理智又冷靜。那個部落格反映了他習慣以書寫來釐清想法，他最喜歡在那裡思考事情（與多數高管不同的是，他沒有依賴公關人員捉刀撰寫部落格）。他覺得那樣做可以跟員工與大眾溝通，盡量避免模稜兩可的情況。遺憾的是，比特幣核心派可不愛審慎發文這一套，推特與Reddit上的尖刻批評有增無減。

一名Reddit的用戶寫道：「去你媽的高智商！你才不成熟又不善溝通！你是中央計畫者，是比特幣的系統性風險。」另一個網友跟進批評阿姆斯壯審慎發文是「智障」，有人戲稱他有亞斯伯格症才會寫出那種文章。有一群人散布陰謀論，說阿姆斯壯是付錢請人寫那些宣傳文。於是，這種紛紛

擾擾持續在比特幣社群媒體上發酵，簡直沒完沒了。

• • •

中本聰圓桌會議失敗後不久，阿姆斯壯與李啟威祕密前往北京。想要與比特幣核心派和睦共處，看來是無望了。為了推動「擴大區塊」的理念，他們於是將希望轉向另一個有影響力的派系：中國礦工。

中國在比特幣圈起步較晚，但2015年已經開始主導比特幣的採礦業務。中國礦工廣設伺服器群，並利用大規模的勞力創造出超強運算力，因此囊括了大部分新增的比特幣（每十分鐘就有新的比特幣新增到區塊鏈）。這為他們帶來了財富與影響力，也讓他們在比特幣架構的演變中享有不小的發言權。

一個名叫「吳忌寒」的神祕創業者領導著中國那群礦工。他與同仁利用中國廉價的煤炭供應（通常是透過行賄地方官員取得），為電腦運算供電，也打造了龐大的採礦區。吳忌寒的公司還出售內建定制晶片的電腦，那些晶片專門用來破解比特幣越來越難的演算法。吳忌寒的帝國是一股強大的經濟力量，也擁有強大的政治影響力，足以左右區塊大小的爭論。對於大小區塊之爭，至少表面上看來

他們似乎仍在觀望。

這群人在一家高檔飯店的房間裡討論，與會者包括中國比特幣圈的關鍵人物，例如李啟威的哥哥李啟元、早期曾與中本聰合作編寫比特幣程式碼的麻州開發人員蓋文·安德森（Gavin Andresen）。阿姆斯壯進入房間之前，就提出他的觀點。結果顯示，這麼做很不智。

當天有大約二十人參與了那場在北京舉行的會議，其中一人說：「中國人不喜歡與許多人共處一室，進行公開的激烈辯論。阿姆斯壯和其他西方人只顧著公開辯論，中國人只是聽著。中國人習慣的方式是小組先達成協議，然後聆聽。」

大家覺得阿姆斯壯在現場的說法很自大傲慢，彷彿高高在上。Coinbase正逐漸征服美國的加密市場，但在場的中國創業者所建立的比特幣交易所比Coinbase還大，而且許多人也經營著大型的比特幣挖礦事業。一名與會者表示：「他們的市場競爭激烈得多了。老兄，中國市場可凶殘了，那是全然不同的層級。」但阿姆斯壯卻大喇喇地對他們說教，主張比特幣應該如何運作。他低估了亞洲那些頂級加密貨幣玩家的智慧和影響力，而且後來事實證明，這不是他最後一次低估他們。

阿姆斯壯與李啟威對中國展開的祕密建交計畫失敗了。

吳忌寒與其他礦工繼續站在比特幣核心派及小區塊派系那邊，所以Coinbase推動2MB區塊的計畫黯然落幕。阿姆斯壯絞盡腦汁推動大區塊，但最後毫無斬獲，不僅大失所望，還惹來社群媒體的無盡謾罵。

• • •

2016年初那場激烈的區塊大小之爭一直沒有解決。比特幣區塊鏈的處理時間越來越久，後來記錄一些交易甚至需要長達一天以上。看來，比特幣似乎無望成為通俗支付工具了。不過這場有關區塊大小的日常爭議背後，有一個驚喜正默默發酵：比特幣的價格正在反彈，加密貨幣出現前所未有的蓬勃發展。

事實證明，比特幣那些宣傳大使的想法是對的。加密貨幣正在改變世界，只不過不是大家想像的那樣。以比特幣為例，中本聰的發明雖未能顛覆央行與信用卡產業，但已經成為黃金的真正競爭對手。

就像「囤金客」囤積黃金以防政府垮台，「囤幣者」（hodler）也是基於同樣的理由囤積比特幣。hodlers這個字源自一個酒醉的比特幣投資人在留言板上的聊天：他把「I am holding」（我長期持有）錯寫成「I AM HODLING」。不久，

這個詞就成了加密貨幣圈的熱門詞彙,跟Lambo(意指蘭博
基尼跑車)與rekt(意指慘賠)一樣是幣圈的常見術語。

在幣值持續上漲的過程中,許多比特幣小圈圈終於不
再互扯後腿。內戰雖然沒有落幕,但隨著大家把注意力轉
向「淘幣潮」與致富,爭執開始緩和下來。如果你只是想累
積財富的加密貨幣長期持有者,就沒有必要為交易時間爭吵
了。買進持有的長期投資者可以等一天讓帳本更新。

• • •

不過相較於比特幣價格反彈,更重要的是出現以太坊
(Ethereum)這種新的數位貨幣。乙太坊的概念是2013年底出
現的,那是阿姆斯壯走進Y Combinator創建Coinbase一年
半之後。它是寫在一份白皮書中,類似中本聰所寫的比特幣
白皮書。雖然2015年比特幣的大小區塊之爭導致兩大派系
互相謾罵,甚至威脅會出人命,但同一時間,一個樂觀又統
一的以太坊社群正在跟大眾分享這種新貨幣。相較於比特
幣,以太坊也有一些特殊優勢,它是由一個神童開發出來
的,此人後來成為大家公認的以太坊領導者,也是繼中本聰
之後,最有名的幣圈人物。

PART
2
從蓬勃到泡沫，再到破滅
From Boom to Bubble
to Bust

7 以太坊問世

Enter Ethereum

維塔利克・布特林（Vitalik Buterin）說話溫和，臉色蒼白，骨瘦如柴。他喜歡穿「彩虹小馬」（My Little Pony）風格的T恤。父母是俄羅斯移民，他在多倫多的郊區成長，從小就知道自己跟其他孩子不一樣。他對數字非常著迷，小時候最愛的玩具是微軟的EXCEL。在一張童年的照片中，個頭小小的布特林站在椅子上，開心地把數字輸入試算表。

青少年時期，他比較古怪，常穿著兩支不搭的凱蒂貓襪子，喜歡連皮吃檸檬。由於崇尚自由意志主義的父親狄米崔（Dmitry）的鼓勵，他開始對「比特幣」這種加密貨幣產生興趣，而且很快就迷上了。讀高中時，他創立線上新聞網站《比特幣雜誌》（Bitcoin Magazine）作為副業，在上面發表有關數位貨幣與加密技術的文章，並說服加密貨幣的粉絲付費閱讀那些簡潔易懂的文章。高中畢業後，他用那些收入周遊世界，跟大家交流比特幣的概念，以及討論如何改進比特幣。他去了阿姆斯特丹、特拉維夫，以及比特幣的發源地舊金山。他

和許多人一樣，在 Coinbase 位於布魯索姆街的辦公室短暫待了一陣子。他在那裡認識了李啟威，李啟威看得出來布特林也是數學天才，便投資了布特林創辦的雜誌一萬美元。布特林還在旅行期間自學了中文。

布特林環遊世界時認識了很多人，那些人讓他更加相信，比特幣可以更好。他跟多數人一樣，看得出中本聰這個創作雖巧妙，卻也有它的局限。最明顯的限制是無法擴大規模。即使幣圈內已經爆發大小區塊之戰，比特幣網絡依然無法迅速處理許多壅塞的交易。

比特幣還缺乏多元性。它的帳本能記錄交易及寫入簡短訊息，但無法寫程式讓它執行更複雜的任務。比特幣的古怪程式碼也造成一些問題。開發人員若想真正了解比特幣細節，得學習相當於古希臘文或拉丁文的電腦科學；中本聰的創造就是那麼複雜。

幣圈開始有人討論，區塊鏈 2.0 出現的時候到了——亦即可以解決比特幣的缺點，並把加密貨幣的技術推向最新領域的東西。2015 年，也就是中本聰發表白皮書五年後，區塊鏈 2.0 終於問世。那是當時年僅十九歲的布特林構想出來的，他寫了九頁白皮書概略說明一種新的區塊鏈，名為「以太坊」。

　　布特林說話溫和，親切友善，儘管外表看起來不太尋常，但他其實跟一般熱愛戲劇的怪咖差不多。不過在幣圈，他就像大神一樣。幣圈宅男尊稱他是「我們的外星霸主」、「來這個星球拯救大家脫離中央集權的天才外星人」。

　　以太坊和比特幣大致上一樣，都是數位貨幣，也都無法竄改紀錄，但是以太坊克服了比特幣的局限性。它的運作速度較快，接受「智慧合約」（smart contract）；智慧合約是區塊鏈上一種強大的新型運算。

　　智慧合約的工作原理是這樣的：想像我和你想下注明天的棒球賽，我們可以用「智慧合約」在以太坊區塊鏈上下注。為了確定賭注的結果，智慧合約需要查詢一個中立可靠的第三方，以確定誰贏了賭注。在類比時代，這種權威的第三方可能是報紙或熱愛運動的朋友。在智慧合約的世界，判定輸贏的權威則是一種中立的線上資源，稱為「**預言機**」（oracle）。在上述例子中，權威的第三方可能是像 ESPN 或美國職棒大聯盟（MLB）這類網站，球賽一結束，以太坊的智慧合約就會去查詢其中一個網站，最後根據結果支付賭金。

　　拜以太坊所賜，區塊鏈可以不只是數位貨幣。現在它也可以是一站式商店，大家可以在那裡簽約，合約內容可以無所不包，好比運動博彩、投資協定或資料儲存。執行合約

不用仰賴律師，而是依靠電腦。就這個意義上來說，它就像蘋果為開發者提供的平台，讓開發者為蘋果的iOS作業系統開發app。以太坊是一個加密的作業系統層，它將所有關鍵資訊都記錄到區塊鏈上，並讓其他人在上面打造智慧合約專案。與比特幣不同的是，對於想要構建應用程式的人，以太坊提供了一種易學的程式設計語言：Solidity。

　　智慧合約出現對加密社群是一大驚喜，它證明了區塊鏈技術不單只是一種新奇的貨幣。然而，它也帶來一些驚人的現實影響。以太坊可以重塑任何涉及合約的金融與法律活動，允許個人依賴區塊鏈獲得安全、快速、可擴展的協議。大公司很快就注意到這點，開始在以太坊上打造自己的應用程式。IBM使用某版本的以太坊來追蹤客戶的身分，沃爾瑪使用區塊鏈追蹤從中國到美國的豬肉裝運。銀行實驗私人版的區塊鏈，用它來移動資金。美國有些州政府也開始嘗試區塊鏈，例如佛蒙特州測試把土地所有權放在區塊鏈上。總之，以太坊的區塊鏈應用有無窮無盡的可能。

　　越來越多企業對以太坊感興趣，並不在布特林的意料之中，也不是他樂見的。他覺得以太坊的目的不是幫大公司賺錢，而是透過去中心化的網絡來提供那些服務，藉此顛覆那些公司。例如：消費者不必把檔案存在Dropbox或Google

上，而能依賴世界各地的電腦所組成的網絡來儲存檔案，並使用以太坊的智慧合約來追蹤一切。投資者不必透過富達（Fidelity）或先鋒（Vanguard）來投資，他們可以在以太坊上打造自動化服務，根據智慧合約的條款來投資及支付資金。布特林認為以太坊不單只是一項新技術，還是一種重新分配全球權力結構的方式。

「說到底，權力是一場零和遊戲，」他接受《連線》雜誌訪問時表示，「說到賦予小人物權力，就算你用術語講得天花亂墜，讓一切聽起來很美好，終究需要剝奪大人物的權力。要是我，我會說：『去他媽的大人物。』他們賺得夠多了。」

這不單只是電腦迷的幻想。在以太坊啟動及運行後不久，一群人聚在一起，在投資平台「DAO」上投入一億五千萬美元。DAO是Decentralized Autonomous Organization（「去中心化自治組織」，或譯「分散式自治組織」）的縮寫，他們是把錢交給一個智慧合約，由合約根據一個公式來投資專案。那個公式會考慮有多少DAO的參與者投票支持投資某個專案，但投票與參與者都是匿名的。整個運作就是一個架設在以太坊上的應用程式，區塊鏈會記錄誰投資什麼並支付任何獲利。那個專案很快就啟用了，電腦會根據智慧合約的條款來運作，完全不需要依賴大企業。

後來，災難發生了。2016年6月，DAO上線兩個月後，駭客在程式中發現一個漏洞，趁機劫持了投資基金，把一部分轉移給自己。短短幾分鐘，DAO的投資人就損失了五千萬美元，而且根據智慧合約的條款，那些損失都無法追討回來。信任機器無疑能創造很大的效率與可能性，卻忽視了人性社交安排的價值——這是矽谷科技烏托邦常見的錯誤，創業者以顛覆產業的名義創業，卻往往沒有考慮到他們可能對人類造成什麼傷害。臉書連接了全世界，但也破壞了民主選舉。YouTube建立了任何人都可以使用的大規模廣播系統，但也打開了一個充滿謊言與陰謀論的潘朵拉盒子。同樣的，DAO被駭事件顯示，布特林開發的技術同時具有不可思議的力量與黑暗的一面。

有一種激進的方法能拯救DAO的投資者——回到過去。帳本雖然不可更改，但如果帳本上的每個人都同意，它就可以更新，以阻止駭客搶劫。這個補救措施需要所有執行以太坊區塊鏈的人都更新系統，以便創造一套新的區塊，消除駭客的非法所得，把資金歸還給DAO的投資人。這個補救方法就相當於憲法修正案——不僅改變法律，也改寫了歷史，彷彿舊法律從來沒存在過。

DAO是以太坊上極為著名且重要的早期實驗，因此

這種情況令布特林陷入兩難，他苦思著究竟是要「拯救DAO」？還是要「維持區塊鏈的完整性」？最終他同意發揮自己的巨大影響力，說服那些執行以太坊網絡的人重置區塊鏈，以拯救投資人。2016年7月20日，以太坊網絡執行了「硬分叉」（hard fork）──大致就像把列車倒開回一個轉運點，扳動控制桿，將所有車廂通通駛進另一條軌道。

多數人聽從布特林的領導，肯定以太坊區塊鏈的新版本，但也有些人拒絕承認新秩序──套用剛剛那個火車的比喻，他們繼續在原軌道上行駛。堅守舊版本的人認為，程式碼就是法律，帳本更新就是更新了，無論後果如何，人類加以干預都是不合理的。他們拒絕硬分叉，繼續在原始的區塊鏈上建構，並稱之為「以太坊經典鏈」（Ethereum Classic）。如今以太坊和以太坊經典鏈各自獨立運作，它們一度是同一現實，現在變成兩種版本，兩邊都發展蓬勃。不過，以太坊的價值是以太坊經典鏈的四十倍（以太坊在2020年年中的價值逾四百五十億美元），兩者都以每十五秒左右的速度增添新的區塊。

DAO事件暫時衝擊了以太坊的信譽，但幾乎沒有阻止它穩步成長；它正逐漸晉升為第一個正式挑戰比特幣地位的區塊鏈。以太坊的熱潮源自於智慧合約的威力，但以太坊也

有自己的貨幣，名為「以太幣」(ether)，它的開採與交易就像比特幣一樣。以太坊有個巧妙的設計：任何想要執行智慧合約的人，都必須花少量以太幣（所謂的gas[1]）才能執行。這表示不只投機者投資以太幣，許多軟體開發人員為了支付日常的業務運作，也需要擁有以太幣。以太坊就像一塊炙手可熱的房地產，任何想在上面經營商店的人，都必須支付一小筆稅金。

　　於是以太幣的價格開始狂飆。2016年初，以太幣的售價是九十五美分。到了6月，價格已漲至十八美元。如果說比特幣是數位黃金，以太幣可說是數位白銀。與此同時，包括Coinbase的董事迪克森在內的創投業者，已經開始注意到以太坊改變世界的潛力，他們大為激賞。以太坊的發展軌跡，彷彿重現了2013年的比特幣熱潮，但這次涉及的事物遠比數位貨幣還大——以太坊是改變商業、網路、社會本身的一種方式。

　　在位於市場街的Coinbase總部，以太坊崛起掀起了興奮與騷動。幣圈裡人人都在談論以太坊，但阿姆斯壯與一些人對以太坊有些疑慮；他們不知道以太坊會不會消失。自

1　譯註：gas是以太坊用於衡量程式執行一個動作所需「計算量」的單位。你做交易時必須支付礦工處理費，那個處理費是以「gas」計算，並用「以太幣」支付。

2009年比特幣推出以來，市場上陸續出現過多種加密貨幣，
但只有比特幣真正撐了過來。比特幣不僅是最早出現的數位
貨幣，全球各地都有長期持有的支持者，它還通過了實戰考
驗。多年來，駭客一直在比特幣程式碼中尋找漏洞以便竊取
資金，但從未成功。駭客只搶過交易所及持有加密貨幣的個
人，但從未找到竄改比特幣帳本的方法。其他加密貨幣都曾
經遭到駭客攻擊及劫持。以太坊不僅遭到駭客攻擊，連帳本
都刻意修改過（指「硬分叉」）。更重要的是，買賣比特幣一
直是Coinbase的主要業務。偏離公司的核心使命去處理一
種尚未驗證的替代方案，可能是拿石頭砸自己的腳。

　　不過阿姆斯壯的搭檔厄薩姆倒不這麼想。某次他去上海
出差的經驗，讓他相信以太坊與智慧合約是未來的趨勢。以
太坊正蓬勃發展，它還擁有比特幣所缺乏的技術。何況以太
坊不像比特幣那樣有內戰在內耗。

　　阿姆斯壯在他的部落格裡，比較了布特林的領導力，以
及比特幣在區塊大小之爭後群龍無首的諸多亂象，他寫道：
「以太坊的核心開發團隊很健全，比特幣則不太正常。」厄
薩姆會支持以太坊是有道理的。中本聰圓桌會議上的惡搞，
突顯出用「不太正常」來形容比特幣那群核心人物確實非常
貼切。隨著年輕的開發人員湧向新的區塊鏈，還有許多社群

（包括布魯克林的軟體公司 ConsenSys）紛紛湧現，用以太坊基礎來打造應用程式，以太坊無疑正在蓬勃發展。

即使厄薩姆只是陳述眾所周知的事實，但比特幣的忠實粉絲還是因此攻擊他。厄薩姆針對以太坊發表的聲明，引起不少推特與 Reddit 用戶群情激憤，他們罵他是背叛者（而且是再次背叛！[2]），更糟的是，在某個比特幣論壇上，甚至有人發文譴責厄薩姆是「高盛的同路人與人渣」，許多評論者紛紛跟進批評。

「那些人討厭我，是因為他們認為比特幣是零和遊戲。」厄薩姆回憶道。他覺得這種想法很愚蠢。支援以太坊不表示背叛比特幣。其他區塊鏈崛起意味著有更多新機會，比特幣即使處於不穩定的階段，在血統與聲望方面依然獨占鰲頭。加密領域正在擴大，還有空間容納許多區塊鏈專案。

但 Coinbase 的一些人（包括阿姆斯壯）仍需要說服。厄薩姆看到其他加密貨幣交易所加入以太幣交易，Coinbase 卻猶豫不前時，他開始焦躁不安。如果 Coinbase 錯過以太幣，那可能變成商學院課堂上拿來探討策略錯誤的經典教材——例如微軟前執行長史蒂夫‧鮑默（Steve Ballmer）曾經蔑視第

---

2 譯註：上一次是 Coinbase 違背比特幣「去中心化」的理念。

一代iPhone。2007年，鮑默曾笑著預言，蘋果那支售價高達五百美元的新手機沒人買，還說微軟將掌控行動市場。鮑默的傲慢導致微軟在科技荒野中受困了十年。厄薩姆不希望Coinbase犯下類似的錯誤。

在Coinbase的一場內部會議上，這場爭論終於爆發了。厄薩姆在阿姆斯壯與許多老員工的面前，滔滔不絕地講了四十五分鐘。他大聲疾呼，公司應該趕快納入以太幣交易。向來好勝又大男人的厄薩姆在大家面前來回踱步，對著現場同仁咆哮，還引用他最愛的句子：「我們一定要做這個！我們一定要打造這個！我們一定要衝破銅牆鐵壁！」

最後厄薩姆的強硬作風勝出了，這讓卡森維鬆了一口氣。他觀察以太坊的崛起好幾個月了，一再提議Coinbase納入以太幣，現在公司終於採取行動，以太坊將是一個重要的里程碑。

但卡森維不會參與其中。

• • •

隨著Coinbase持續成長，卡森維也益加失望。這個出身明尼蘇達州的特殊青年在公司剛起步時，跟著幾個創始元老一起窩在破舊的辦公室裡，為共同的理念奮鬥，感覺很自

在。某種程度上來說，那種感覺和他以前在霍爾頓村待過的烏托邦式伐木公社沒多大差異。但Coinbase後來變得更大、更官僚，他討厭這樣的發展。

現在，卡森維是領導Coinbase的風險管理團隊，日常工作是領導數十名員工。他覺得這個職位很無聊，他討厭管人，腦中充滿更宏大的點子。以太坊的出現令他神往；其他加密貨幣還有許多專案可能促成智慧合約與其他區塊鏈新形式，這些專案也令他著迷。這段期間，他突然想到接下來要做什麼了。他想推出一個東西，這個東西甚至在一年前聽起來都很不可思議：一支加密貨幣的避險基金，為投資者管理數億美元。卡森維甚至已經想好名稱了：多鏈資本（Polychain Capital）。他看起來也很適合（如果加密避險基金經理真的有某種「樣貌」的話）。傳統的避險基金經理是穿著吊帶褲與定制西裝，卡森維是穿T恤或亮色運動服，把金髮梳成巴洛克風格的雞冠頭。

卡森維不得不把那個想法告訴阿姆斯壯與厄薩姆。他邀請兩個老闆兼老友來參加晚上七點的會議。他們兩人都察覺到不太對勁，直接看著卡森維說：「你就直說吧。」他說了。阿姆斯壯不想失去Coinbase的第一位員工，甚至起草了一封信，懇求他留下來。但最後他還是接受了卡森維決心單飛

第 7 章──以太坊問世
Enter Ethereum

去把握下一波加密貨幣熱潮的想法，並祝他一切順利。卡森維是Coinbase早期核心團隊中第一個離開的，但不是最後一個。

• • •

2016年5月下旬，Coinbase終於宣布，它將在前一年剛推出的專業交易所中納入以太幣，作為第二種貨幣。為了紀念這一刻，公司把那個交易所更名為GDAX，亦即Global Digital Asset Exchange（全球數位資產交易所）的縮寫。兩個月後，Coinbase宣布散戶也可以買賣以太幣。

推出GDAX在Coinbase是值得慶祝的事，但也帶有一種「遲做總比不做好」的感覺。Coinbase考慮是否接納以太坊期間，美國的其他交易所都先做了，其中一家是Kraken。Kraken也是總部位於舊金山的加密貨幣交易所，經營者是脾氣暴躁、留長髮的自由意志主義者傑西·鮑威爾（Jesse Powell）。2015年，Kraken不僅提供以太幣交易，還推出其他交易功能，例如保證金交易、暗池（可祕密進行大筆買賣）。Coinbase的領導層則是專注在區塊大小之爭上。溫克勒佛斯兄弟也是以太幣玩家，這對雙胞胎從投資BitInstant失敗一事記取了教訓（BitInstant的浮誇執行長後

來鋃鐺入獄）。這次，他們創立一個符合規定的加密貨幣交易所Gemini。他們也仿效Coinbase的策略，把Gemini塑造成低調的華爾街企業，與監管機構維持良好的關係。這家新交易所的營運很快就步上正軌，它跟Kraken一樣，遠比Coinbase更早推出以太幣交易。

阿姆斯壯因為抓住一個「公開的祕密」（一般人需要輕鬆購買比特幣的方式），而為Coinbase的早期成功奠定了基礎。它讓公司享有首動優勢，成為散戶購買比特幣的首選服務。現在，隨著加密貨幣世界迅速進入以太坊與法人投資者的新時代，Coinbase突然處於它不熟悉的位置：變成需要迎頭趕上對手的遲來者。

8 華爾街來了

Wall Street Comes Calling

　　比特幣最初是從矽谷發展起來的，原因很容易理解。只有矽谷有夠多技術高超的自由意志主義者，他們欣然接受全球去中心化的數位貨幣系統這種天馬行空的東西。此外，矽谷的商業文化串連起一代又一代的發明家，這也是孕育比特幣的完美環境。1930 年代以來，加州這條特殊的狹長地帶就孕育出許多創業者，他們的事業又激勵了其他創業者推動技術進步，這其中包括年輕時的賈伯斯。史學家萊斯利·柏林（Leslie Berlin）曾問這位蘋果創辦人，為什麼花那麼多時間接觸 1960 年代的半導體先驅，賈伯斯語帶崇拜地談起他們的魔力：「我想聞聞矽谷第二個美好時代的氣息，半導體公司促成了電腦業。除非你了解以前發生什麼，否則你不可能真正了解現在發生的事。」

　　想要了解比特幣，同樣必須先了解以前的東西，尤其是一群名為「加密龐克」（cypherpunk）的技術專家。

cypherpunk這個字是由cipher和cyberpunk合成的。cipher
意指加密訊息；cyberpunk（賽博龐克）如一位觀察家所言，
是一種結合「高科技與底層生活」的科幻類型，長久以來一
直與駭客文化有關連。

　　1992年，一群矽谷的加密龐克定期聚在約翰‧吉爾
摩（John Gilmore）的辦公室，討論如何讓網路變得更安全。
吉爾摩是軟體活動分子，曾與人聯合創辦「電子前哨基金
會」（Electronic Frontier foundation，網路版的美國公民自由聯
盟〔American Civil Liberties Union〕）。他們的討論也會延伸到網
路的討論板上進行。在網路的討論版上，他們還討論如何把
「安全」與「匿名」這種網路理想延伸運用到金錢上。2009
年比特幣推出時，已有一個本土社群支持它並建立業務，包
括Coinbase。加密龐克之於阿姆斯壯和厄薩姆，就像半導體
先驅之於賈伯斯。阿姆斯壯表示：「我認為Coinbase不可能
在矽谷以外成功。我在矽谷認識厄薩姆，或在Google認識
李啟威，都不是偶然。我之所以來矽谷，就是因為這裡有下
一代的人才。」

　　但是，儘管矽谷能為充滿理想的年輕發明家提供文化、
創新、人才和歷史，它仍缺乏一個東西：將比特幣之類的
發明帶入主流所需的深厚資本與金融基礎設施。對美國與

146

世界來說，真正的金庫依然是在一百多年來一直存在的地方：華爾街。

華爾街位於曼哈頓下城，約半英里長（八百公尺左右），以「始於墓地、止於河流」[1]著稱。這條半英里長的道路及其周邊街區，座落著一群摩天大樓，這些大樓掌控著數兆美元的投資資本，包括避險基金、退休基金、私募基金，乃至家族帳房（family office）。即使在2016年，也就是比特幣推出七年後，那些資金流入加密貨幣經濟的金額依然很小。

加密貨幣確實在由支持者與信徒所組成的封閉社群中蓬勃發展，但阿姆斯壯與一些人認為，唯有銀行和其他大型金融機構認真看待加密貨幣，才會出現真正的突破。這些金融機構總是在尋找新奇的投資標的，以充實客戶的投資組合。他們把資金投入創新的避險策略、新興市場基金、非比尋常的大宗商品。如果能說服華爾街那些大型機構進一步分散投資，重新分配財富，即使只是撥出1％資金到加密貨幣，加密貨幣的價格也會飆升。大量資金將會跟著陸續投入推升加密貨幣的價格，使加密產業大幅暴漲。

Coinbase的事業已經有不錯的進展。自從推出GDAX

1　華爾街介於東河（East River）和三一教堂墓園（Trinity Church Cemetery）之間。

交易所以來，專業交易員紛紛湧入該平台買賣比特幣和以太幣，其中包括富有的短線交易員，以及越來越多新型的避險基金投資者（他們來加密市場尋求高收益）。但他們在金融棋盤上頂多只是騎士與主教，阿姆斯壯想吸引的是華爾街的國王與王后。他決定派使者到紐約去解決這個問題。

• • •

　　懷特在空軍服役以及在哈佛商學院進修期間，見識過許多事情。以第五號員工身分加入Coinbase的他，如今已經晉升為GDAX交易所的負責人，GDAX正逐漸變成Coinbase的印鈔機。他覺得自己已經準備好迎接新挑戰，也自認能夠因應商業界的任何考驗——所以阿姆斯壯派他去搞定康托菲茲傑羅公司（Cantor Fitzgerald）。
　　這家知名的公司是華爾街排外文化的典型，充分展現了華爾街的各種刻板印象。在康托菲茲傑羅工作，就是穿著吊帶褲與三件式西裝，晚餐花幾個小時享用昂貴的牛排與上等的蘇格蘭威士忌，大聲嚷嚷自己賺了多少錢。一些誇張的行徑猶如好萊塢上演的浮誇情節。2008年，一名二十三歲的女性員工對《旁觀者》雜誌（Spectator）披露其倫敦分公司的惡形惡狀，徹底揭露該公司沉溺於聲色犬馬的荒淫享樂文化。

該文提到，她的男同事因為她上半身比較豐滿，稱她為「安全氣囊」；他們午餐時就狂飲一瓶八百英鎊的葡萄酒。十年後，紐約總部的一位女性員工也公開抨擊公司的兄弟會文化。當她抱怨一名同事在她的伯尼・桑德斯（Bernie Sanders）[2]馬克杯裡拉屎，老闆只告訴她要懂得「尊重」。

不過這些似乎都不影響康托菲茲傑羅的聲譽，它仍是頂級的銀行與經紀公司，客戶幾乎都是全球最富有、最複雜的公司。紐約聯邦儲備銀行（Federal Reserve Bank of New York）指定它為少數幾家聯邦證券的造市商之一，也就是說，它是美國公債的經紀商。

懷特背負的任務是，說服康托菲茲傑羅相信加密貨幣的好處，並與 Coinbase 合作。一旦有康托菲茲傑羅加持，那對 Coinbase 會是一大肯定，也有助於推動加密貨幣產業合法化。於是懷特啟程去拜訪康托菲茲傑羅的代表。該公司總部設在華爾街五十九號一座俯瞰中央公園的辦公大樓裡，在九一一恐怖攻擊摧毀世貿大樓以前，它的總部原本設在世貿北塔的頂端。康托菲茲傑羅在九一一恐攻中失去了六百五十八位員工，占紐約員工的三分之二，罹難者包括執行長霍華

2　譯者註：桑德斯自認是民主社會主義者，以無黨派獨立人士身分成為美國眾議員，近年來兩度以民主黨人身分參與角逐美國總統選舉。

德‧盧尼克（Howard Lutnick）的弟弟。霍華德‧盧尼克竭盡
所能在隔週恢復公司的交易市場，並拯救了公司，最終也支
付罹難員工的眷屬撫卹金。

康托菲茲傑羅派出一大群人接見懷特，盧尼克就站在那
群人的最前面。面對如此龐大的陣仗，懷特單槍匹馬而來，
他只是個土生土長的加州人，態度友好謙遜，性格隨和。盧
尼克馬上就注意到懷特沒打領帶，也沒帶隨從，接著他看到
懷特的名片，上面寫著：總經理。

在矽谷，頭銜就像衣服，通常是非正式的，有時也
充滿創意，例如「數位預言家」或「創新雪巴」（Innovation
Sherpa）[3]。許多矽谷新創企業把頭銜視為堆放在衣架上的連
帽衫，可以隨性從衣架上抓一件來試穿，不喜歡就換一件，
自己找喜歡的來套。相反的，老字號的金融公司把頭銜視為
權力與地位的重要標誌，在這些公司，成就卓越的人有「華
爾街之狼」、「食人魚」之類的稱號。對於後者，「執行董事」、
「資深執行董事」之類的職稱很重要，那傳達出重要訊號，
顯示誰值得你投入時間、誰是重要人物、誰可以忽略。魯尼
克對於Coinbase居然派個普普通通的「總經理」[4]來浪費

---

3 譯者註：雪巴是喜馬拉雅山區的民族，擅長搬運。另一個意思是，幫領導者準
　備高峰會議的專家。

他的時間，覺得簡直好笑——他們難道不知道他是誰嗎？[4]

懷特回憶道：「我和這家精明強勢的大公司坐下來，試圖達成協議。他們大概有十幾個人吧，我則是單槍匹馬。他們的執行長直接嘲笑我說：『嘿，總經理，你是來幫我泡咖啡的嗎？』我才剛到紐約，那些老派的交易員就給我下馬威，嚇得我屁滾尿流。」

懷特的任務失敗了，Coinbase進軍華爾街還得再緩緩。與此同時，其他銀行家也對加密貨幣不屑一顧。美國銀行業最著名的人物摩根大通（JPMorgan Chase）執行長傑米·戴蒙（Jamie Dimon）明確表達了他對加密貨幣的看法，他直截了當地告訴媒體，比特幣只會曇花一現。

不過，即使華爾街大亨對加密貨幣嗤之以鼻，他們底下的人倒沒有那麼多疑慮。Coinbase收到越來越多華爾街從業人士投來的履歷。在戴蒙的公司，高管布萊絲·馬斯特斯（Blythe Masters）高調離職，投效經營區塊鏈的新創企業「數位資產公司」（Digital Asset）。馬斯特斯在華爾街因發明信用違約交換（credit default swaps）而聞名，巴菲特曾貼切地形容那種交換合約是「定時炸彈」，說那可能引發金融危機（後

4　譯者註：在金融業，general manager只是普通的經理。

來也確實言中)。現在看來,她將成為幣圈內一個派系的代表人物,這個派系就是「區塊鏈不等於比特幣」(blockchain, not bitcoin)。

隨著比特幣持續成長,有些人因為理念和矽谷那些自由意志主義派不同,開始為區塊鏈的帳本技術尋找實用的應用程式。「區塊鏈不等於比特幣」這個派系就是這樣誕生的。它是指你想使用比特幣開創的技術,但不想要激進的去中心化系統,你想要一個像比特幣那樣無法竄改的共用帳本,但只讓會員使用,而不是世界上任何人都能使用。對銀行和大公司來說,「區塊鏈不等於比特幣」提供了比特幣的一切創新功能,但消除了爭議、不專業的監督、可疑的人物。

除了數位資產公司,一群喜歡穿華服、搭頭等艙的前銀行家一起創立了R3。那是由高盛、摩根大通等數十家銀行組成的財團,他們宣稱比特幣不重要,還說他們的區塊鏈軟體將會取代比特幣。他們的區塊鏈軟體是封閉的專利軟體,不像比特幣是開放、人人都能用的。與此同時,IBM也建立一個區塊鏈讓航運公司追蹤貨物,也讓生鮮業者追蹤豬肉與生菜的運送。

對比特幣的信徒與擁護者來說,那簡直是異端邪說,啟人疑竇,就像龐克搖滾歌手看到唱片公司試圖利用及改造他

們的文化來牟利一樣。那不僅違背了他們的核心理念，他們也知道那是行不通的。

厄薩姆說：「我一直很反對那一派，因為那根本是鬼扯。」批評者指出，「區塊鏈不等於比特幣」是一種行銷噱頭，它其實只是朋友之間共用的資料庫，只不過包裝成區塊鏈。如今事後看來，他們說的沒錯。不到兩年，那些加入R3聯盟的知名銀行都退出了，大家對專利區塊鏈也變得興趣缺缺。馬斯特斯的數位資產公司（Digital Asset）同樣表現得不太好，那個一度備受吹捧的專案吸收了逾一億美元的資金，但馬斯特斯本人辭職時，卻拿不出什麼成果。2017年，在華爾街已經可以明顯看出，「區塊鏈不等於比特幣」是一大失敗，後來就無人聞問了。

然而，即使「區塊鏈不等於比特幣」失敗了，那依然是吸引越來越多傳統金融人士了解加密貨幣的墊腳石，它揭開了科技的神祕面紗。此外，Circle、溫克勒佛斯兄弟的Gemini等公司確實在紐約市做比特幣交易，他們的存在使Coinbase和其他矽谷公司無法壟斷這個新興產業。Circle、Gemini、另外幾家公司都是真正的加密貨幣業者，但他們多了幾分東岸的氣息。他們不搞穿睡衣上班或通宵駭客松這種事情，但依然吸引數百名交易員與工程師離開傳統的華爾

街工作，加入他們。

對那些從華爾街轉進加密貨幣圈的人來說，拋棄華爾街不只是為了錢（雖然比特幣與以太幣的價格持續攀升），也是追求其他生活方式。就像比特幣一樣，從事加密領域的職業，意味著逃離權威掛帥及作風保守的銀行業。

傑夫・多曼（Jeff Dorman）是個身材魁梧的交易員，眼睛銳利，髮際線後移。他回想起自己加入加密資產管理公司 Arca 之前，在雷曼兄弟（Lehman Brothers）和美林（Merrill Lynch）的交易室裡拚死拚活的日子：「那就像《金甲部隊》（*Full Metal Jacket*）的環境。」他指的是史丹利・庫柏力克（Stanley Kubrik）執導的電影，描述越戰時期海軍陸戰隊新兵訓練營的殘酷狀況。「你讀過有關投資銀行的一切描述都是真的。我為了確保簡報內容完美無瑕，會熬夜做到凌晨三點，彷彿那份簡報真的那麼重要，只要錯一個字就可能導致交易告吹。」

相反的，加密貨幣這一行就沒那麼嚴格，規矩也沒那麼多。隨著加密技術滲入金融業，加密文化也隨之滲透。東岸的公司雖然沒有全盤接受矽谷的文化，但矽谷的 DNA 已經融入這些公司。多曼說：「傳統產業每週交易五天，你必須在收盤前完成所有事情。加密貨幣這種全天候二十四小時都

154

可以做的特質，代表一種全然不同的節奏，你必須訓練自己冷靜下來。」

　　同樣的，金融文化也滲入加密貨幣圈。2016年隨著比特幣和以太幣的價格飆升，越來越多交易員開始把加密貨幣視為大宗商品，就像小麥、石油或糖一樣。這在美國大宗商品交易的大本營芝加哥掀起了一股風潮，公司紛紛設計期貨與選擇權的合約，讓交易員可以賭交易波動。而且不只比特幣和以太幣出現投資熱潮，在監管寬鬆的海外交易所，交易員也投機交易另外多種加密貨幣，導致它們的價格開始上漲兩、三倍。例如，萊特幣的粉絲宣稱萊特幣是比特幣的弟弟，而且它的網絡在以太坊出現前就開始運作了。瑞波幣（XRP）是由Mt. Gox交易所的創辦人推出的多功能貨幣，而發行瑞波幣的公司Ripple已經發展為成熟的金融公司，並向銀行推銷瑞波幣，作為跨境資金轉移的方式。還有些貨幣則發行得毫無緣由，甚至無法保證它們不會遭駭或遭到不法份子操弄。許多交易員認為這無關緊要。隨著各種加密貨幣的價格不斷攀升，牛市正如火如荼地展開。

　　最後，連商學院也終於開始關注加密貨幣了。幾年前，Coinbase的懷特還得請求哈佛商學院的教授讓他寫有關比特幣的報告，還遭到校方拒絕。現在，不耐煩的學生已經自

組加密貨幣社團。哈佛和一些頂尖 MBA 學院開始推出區塊鏈與比特幣的課程，為這些準備進入金融圈與美國企業擔任管理高層的人才，奠定加密貨幣的知識基礎。

在康乃爾大學，資工系教授艾敏・貢・西爾（Emin Gün Sirer）幫忙創立了「加密貨幣與合約倡議」（IC3，Initiative for Cryptocurrencies and Contracts），這是一個與柏克萊、倫敦、瑞士等地的姊妹校一起成立的加密智庫。史丹佛大學法學院宣布開設第一門加密貨幣與網路犯罪課程，教授是誰呢？就是霍恩。四年前上司要求她起訴比特幣，如今她成了美國頂尖的加密貨幣權威。

媒體對加密貨幣的報導也開始變成主流。以前科技媒體會報導比特幣，但金融媒體大多忽略它，只偶爾發一些標題完全否定它的報導。例如，2014 年底《華盛頓郵報》報導：「比特幣的金融網絡註定毀滅」；同年，雅虎財經（Yahoo Finance）報導：「比特幣時代可能就此結束。」2016 年，《彭博新聞社》、《華爾街日報》等媒體開始指派商業記者報導加密貨幣。《虛擬貨幣革命》與《區塊鏈革命》等書進一步提升了帳本科技的可信度。

這種轉變不是一蹴可幾的，比特幣的非法起源仍不時冒出來攪局。避險基金與大學確實正在探索比特幣的前景，但

現實狀況是，比特幣依然為敲詐勒索及毒品銷售提供最好的匿名市場。絲路雖然遭到關閉，但暗網上又出現新的線上市集 AlphaBay，取代絲路成為犯罪活動的交易中心。它讓客戶使用比特幣及門羅幣（Monero）來支付。門羅幣是新型的加密貨幣，它的設計是刻意打亂交易紀錄，使交易與任何個人帳戶之間很難連結起來，因此變成阻撓執法的理想選擇。

加密貨幣除了受到犯罪分子青睞，另一個長期存在的缺點是它可能遭到駭客攻擊，這個缺點目前依然存在。2016年8月，竊賊闖入全球數一數二的加密貨幣交易平台：香港的神祕交易所 Bitfinex，偷走交易所客戶的比特幣，總價值超過七千三百萬美元。對此，Bitfinex 強行將所有客戶的帳戶「打折」（haircut）36％，也就是說，直接沒收客戶超過三分之一的價值，來彌補自己的損失。Bitfinex 遭駭是 Mt. Gox 倒閉以來最大的駭客攻擊事件，導致比特幣價格短暫下跌。

在 Coinbase，Bitfinex 遭駭事件並未嚇到阿姆斯壯，他知道這代表一個機會。他看到越來越多人開始接納加密貨幣，感覺到加密貨幣即將變得更大——遠比現在還大。

9

阿姆斯壯的遠大計畫

Brian Has a Master Plan

　　阿姆斯壯滿意地呼出一口氣，按下「發布」鍵，新文就出現在部落格上了。那是2016年9月，Bitfinex遭駭客攻擊一個月後，當時他穿著一件全黑的T恤。他跟矽谷的不少執行長一樣，也以特有的簡約穿衣風格打造個人形象。阿姆斯壯的風格不像祖克伯的連帽衫或賈伯斯的高領毛衣那樣引人注目（後來推特的執行長傑克・多西〔Jack Dorsey〕和名譽掃地的Theranos創始人伊莉莎白・霍姆斯〔Elizabeth Holmes〕也模仿了賈伯斯的風格）。他演講及公開露面時，只穿簡單的T恤——通常是黑的，有時是白的，以顯示他看重簡約與聚焦。

　　創立Coinbase以來，阿姆斯壯就一直在部落格上記錄產品發表、招募里程碑、其他進展的跡象。這篇新聞不一樣，寫的內容更廣，更有抱負。它的標題大喇喇地寫著〈Coinbase的祕密遠大計畫〉，文中明確闡述了阿姆斯壯對加

密貨幣未來的全面願景。

他解釋,加密技術就像網際網路,有四個發展階段。最初兩個階段分別是加密貨幣用戶達到一百萬,接著達到一千萬,這兩個階段都進行得很順利。第一階段是創造新的區塊鏈協議(例如比特幣、以太坊)以創造及分配貨幣。接下來是出現交易與儲存加密貨幣的服務。阿姆斯壯指出,加密技術發展的第三階段是軟體,讓人更直接地與區塊鏈技術互動——就像出現Netscape與Explorer等瀏覽器讓任何人都能探索網路一樣。阿姆斯壯預測,第四步也是最後一步,是出現區塊鏈app,讓人不必依賴銀行就能夠借貸與投資等。他寫道,第四步就是「金融2.0」(Finance 2.0)的起點,將把十億人帶進這個新興的加密貨幣宇宙。如果這就是未來,Coinbase的遠大計畫就是為金融2.0奠定基礎,同時投資其他做同樣事情的公司。

部落格的文章反映了阿姆斯壯的特質——他同時是技術專家,也有卓越遠見。他寫道:「在Coinbase,我們積極為世界創造一個開放的金融體系。所謂的開放,是指不受任一國家或公司控制(就像網際網路一樣)。我們認為,這是為世界帶來更多經濟自由、創新、效率、機會平等的最有效方式。」

　　阿姆斯壯覺得這個遠大計畫很合理，即使多數人並不認同，包括許多傳統金融界的人。加密貨幣已經進入華爾街的一些角落，也可以和其他大宗商品一起交易了，但是對那些沒有深入接觸比特幣多年的人來說，十億人使用加密貨幣似乎遙不可及。但阿姆斯壯秉持著真正的矽谷精神，覺得眼光放遠、胸懷大志才是上策。他有Coinbase的董事會支持，但他必須先激勵Coinbase的員工才行。

　　遠大的商業願景，往往與性格非凡的矽谷科技業執行長連在一起，賈伯斯就是典型。雖然賈伯斯是靠一些最具顛覆性的科技享譽全球，但他獨特的外表及媲美馬戲團大師巴納姆（P. T. Barnum）的簡報技巧也吸引了許多人的崇拜。伊隆・馬斯克（Elon Musk）同時經營電動車公司Tesla與火箭製造商SpaceX，他喜歡分享在火星上生活以及在美國城市之間打造高速隧道的狂熱計畫。無論是在網路上、還是在個人生活中，馬斯克都很好強又猖狂。他在推特上損上美國證管會（SEC），在電台直播訪問中抽大麻。至少這有一部分是為了刻意幫馬斯克塑造神祕感。亞馬遜的傑夫・貝佐斯（Jeff Bezos）則是想像人類在太空中開疆闢土，打造聚居地。

　　身在矽谷，阿姆斯壯公開地放膽築夢、胸懷大志，這些

都沒什麼不尋常之處。但阿姆斯壯一點也不像賈伯斯、馬斯克或貝佐斯。他說自己是個內向的執行長,每個Coinbase的早期員工都說他「不擅言詞」。某次公司去納帕谷舉辦全員外地活動時,他第一次嘗試對大家發表激勵演講,有些人說那次演講用一句話概括是「聽得很痛苦」、「我的天啊」。「大家常開玩笑說,他肯定有自閉症。」一名員工說道,接著又若有所思地:「但是在矽谷,媽的,我覺得這裡的企業創辦人高達八成在社交技巧方面都怪怪的。」

阿姆斯壯也有自知之明,知道自己應該多嘗試與學習。這並不難,從少年時期開始,他就對自我精進極其入迷。只要遇到不懂的東西,他就會讀到懂為止;遇到懂得比他更多的人,他會向對方討教。有一次他收到外部顧問給的績效評估後,便轉寄給Coinbase的每個人,請他們也發表意見。對阿姆斯壯來說,領導只是他必須學習的另一項技巧。

在Coinbase的董事會敦促下,阿姆斯壯與厄薩姆花了大錢聘請矽谷最好的教練。這些投資現在開始顯現效果,雖然初期出了一些小問題(例如他曾迷戀「自覺領導」)。教練磨掉了他們兩人身上的一些稜角;《彭博商業週刊》曾經因為他們那些不善領導的稜角,而形容他們是缺乏幽默感的「瓦肯銀行家」。此外,幕僚長麥格拉思藉由舉辦化妝舞會與

卡拉OK之夜等活動，培養了比較人性化的辦公室文化，這些努力也讓阿姆斯壯變得更平易近人。

不過，阿姆斯壯不僅承認自己內向，也開始欣然接納這點。他像賈伯斯、馬斯克、貝佐斯一樣，有遠大的願景——吸引十億人進入加密世界及顛覆產值數兆美元的金融業。與他們不同的是，他無法完全靠個人魅力來實現願景。他說：「我其實不知道執行長到底是什麼，我原本以為你必須像將軍一樣，對人發號施令。但你明明不是那種人，就不該想辦法變成那樣。虛假是最糟糕的領導方式。」

阿姆斯壯也學到了另一點：內向不等於軟弱。打從一開始，他就一直想要完全掌控Coinbase。為此，他曾經趕走一起去Y Combinator的創業夥伴，也曾強勢要求公司的金主接受他訂的苛刻條件。隨著Coinbase逐漸壯大，他改採一種新策略，以確保自己繼續握有那樣的掌控權。

在矽谷，像祖克伯那樣的創辦人發現，有一種方法可以確保他們不僅是執行長，也在他們創辦的公司裡稱王。Google的創辦人佩奇與布林也使用同樣的方法，來維持他們對公司的掌控，即使他們分出的股份越來越多，依然大權在握。這種繼續掌權的祕密，就是創造一種新的股權，並賦予這種股權超級投票權。一般來說，一家公司的每一股有同

等的投票權。如果某家公司發行了一百股，那麼持有公司
1％股權的人，在一百張選票中可以獲得一張。「超級投票權」
推翻了這種數學：持有這種股權的人，每股享有十票，這樣
可以確保他的票數壓過大股東。另一種變型是，某公司可能
發行完全沒有投票權的新股，藉此增加原本有表決權的股東
的權力。這讓一些投資者分享公司的財富，但無權干預公司
的經營方式。無論具體細節怎麼設計，結果都一樣：創辦人
對關鍵議題（例如董事會組成、產品策略、影響公司發展方
向的任何事物）都握有絕對的掌控權。

　　阿姆斯壯在 Coinbase 的成長過程中就是這麼做的。
Coinbase 在 C 輪募資中募集了七千五百萬美元，後來又在 D
輪募資中募集了一億美元。這些都是讓一家公司公開上市的
里程碑。這些募資發行了數百萬股的新股，也為阿姆斯壯創
造了一個新的股票類別，以確保他的票數可以超越其他投資
者與任何人。就像祖克伯與 Google 的創辦人一樣，阿姆斯
壯現在及可預見的未來，都可以牢牢地控制著 Coinbase。他
發表那篇充滿遠大願景的部落格文章時，已經擁有他需要的
權力，正在學習如何領導一家成長速度超乎預期的公司。

• • •

　　阿姆斯壯的領導力所面臨的一大考驗，是市場上吸引專業交易員的競爭日益激烈。雖然Coinbase的主要業務一直是散戶與業餘愛好者，它推出專業交易所GDAX就是為了掌握富有的交易員（俗稱「鯨魚」），以及越來越多的避險基金，乃至華爾街一些剛涉足加密貨幣市場的玩家。

　　GDAX的初版是在2015年推出的，加入以太幣之後，交易量開始大增。為了追蹤進展，Coinbase在辦公室的周圍架起巨大的螢幕，以顯示GDAX與其他交易所的市占率，結果顯示Coinbase並非第一。第一名由香港交易所Bitfinex奪得。Bitfinex經歷了連串的駭客攻擊醜聞，包括2016年有價值七千兩百萬美元的比特幣遭竊，還強行將所有客戶的資產打折36％以彌補公司損失。儘管Bitfinex很神祕（沒有人確切知道是誰掌控這家公司），它依然擁有一批喜歡其快速及鬆散監管方式的全球客戶，這種方式可以讓他們更快致富。Coinbase無法那樣做，也不會跟進。打從一開始，Coinbase就盡量遵守監管機構的規定。在GDAX方面，它也迎合那些在乎法規遵循的客戶。GDAX鎖定的客群是在乎法規的美國人，以及來自監管嚴格國家的交易員，因此GDAX開始擴大市占率，不久就超越了舊金山的對手Kraken。但隨後，巨大螢幕上的圖表卻開始往錯誤的方向移動：往下。

GDAX的成長在2016年年中開始停滯，部分市占率被Bitfinex等競爭對手與其他花招百出的交易所搶走（他們以低價及更多類型的加密貨幣來吸引客戶交易）。

更重要的是，Coinbase和GDAX多了一個來勢洶洶的新對手：溫克勒佛斯兄弟。

溫克勒佛斯兄弟最初是在艾倫・索金（Aaron Sorkin）執導的2010年電影《社群網戰》（*The Social Network*）中成名，那部電影主要是描述臉書創立過程中的背叛與陰謀，電影中由艾米・漢默（Armie Hammer）飾演這對雙胞胎兄弟，片中描述詭計多端的祖克伯如何智取這對運動健將。雖然這部電影把祖克伯描繪成缺乏同情心的人，但也讓人以為這對雙胞胎是傻瓜。這對兄弟後來還利用電影帶來的名聲，在一支耍白癡的開心果廣告中露面並嘲諷祖克伯，導致傻瓜形象更深植人心。

實際上，這對雙胞胎跟螢光幕上醜化的形象幾乎毫無相似之處。兩兄弟都非常高大，就像飾演哥哥的角色在電影裡說的：「我一九六公分，一百公斤，我們兩個一樣。」他們的成就遠遠超越了在哈佛與北京奧運會的賽艇生涯。他們不是出生豪門的公子哥兒，而是勤奮用功的學生，讀高中時就和父親一起翻譯聖奧古斯丁（St. Augustine）和一些早期學者

的拉丁文著作。兄弟倆性格不同，哥哥比較嚴肅、強硬，弟弟比較隨和，但兩人都思考周到，講話得體。不過，《社群網戰》倒是講對了一件事：他們胸懷大志。

在臉書之爭中，他們的律師取得祖克伯發出的一連串糟糕訊息（其中一則是祖克伯沾沾自喜地說，他會「搞死他們」），讓他們獲得了和解金。溫克勒佛斯兄弟儘管遭到惡搞，最終還是獲得不錯的補償，2008年得到和解金六千五百萬美元，其中大部分是臉書的股票。幾年後，那筆財富飆漲至五億美元以上。約莫這個時候，他們再度發了橫財。他們的傳記作者班・梅立克（Ben Mezrich）寫道，事實證明，他們拿股票當和解金的決定「是這對（據稱）愚蠢又瘋狂的雙胞胎有史以來做過的最棒的商業決定之一，唯一比這個決定更棒的，可能是他們在2013年決定拿其中一千一百萬美元投資比特幣」。

不過溫克勒佛斯兄弟的下一個商業決策可就沒有那麼幸運了：投資放蕩不羈的史瑞姆與他的BitInstant公司。BitInstant提供比特幣買賣服務及店家服務，遭到Coinbase擊潰，史瑞姆也因違反洗錢法而入獄。然而，這對雙胞胎投資受挫後很快重振旗鼓，他們希望透過專門鎖定專業交易員的Gemini，再次與Coinbase對決。在這場對決的前幾

輪中，他們明顯獲勝。

Coinbase的專業交易平台GDAX的負責人懷特回憶道：「Gemini在2015年底橫空出世，我們在辦公室的螢幕上看著它們每週持續悄悄攀升，接著就超越我們了。」這對Coinbase來說是雙重打擊，不僅Coinbase新的金雞母開始地位不保，它還輸給同樣把自己塑造成「加密界白騎士」的競爭對手。對在乎法規遵循的投資者來說，他們需要「加密界的白騎士」以符合監管機關的要求。如今GDAX表現疲弱，這顯然是一場危機，需要領導人來拯救，於是阿姆斯壯介入了。

他寄出一封緊急的電子郵件，召見懷特、GDAX的其他高管、Coinbase其他部門（包括法務、行銷、設計）的重要人物。他在一場氣氛緊繃的午餐會上告訴他們：「我們必須解決這個危機，現在就解決。」那天午餐會上，阿姆斯壯的形象不同於以往，他態度直接且充滿權威。像將軍那樣發號施令也許不是他的風格，但這一次，阿姆斯壯展現一種軍事化的形象，下令Coinbase的不同部門以前所未有的方式合作。

他說：「在交易市場搶市占率是根本的，那是最根本的重點。」阿姆斯壯的意思是，如果Coinbase無法至少打贏

Gemini 等公司，他的其他遠大計畫都甭談了。

這次跨部門的反擊行動奏效了。像 GDAX 這樣的服務，說到底就是產品。如果公司裡的非產品人員不支援產品，產品就不會成功。阿姆斯壯把 GDAX 交易所的問題變成 Coinbase 各部門的首要議題，因此為 GDAX 解決了這場危機。GDAX 重新搶回市占率時，辦公室螢幕上的圖表又恢復原來的走勢，Gemini 則萎縮了。三年內，溫克勒佛斯兄弟兩度敗給了 Coinbase。

• • •

2017 年，Coinbase 已有數百名員工，阿姆斯壯正在學習如何領導他們。他依然內向，但不再是那種每天花十二個小時戴著耳機、沉浸在個人世界裡的人。不過，即使他底下有數十個主管直接歸他管，他也不那麼封閉了，但他在執行長這個角色上卻越來越孤單。

阿姆斯壯的好友卡森維離開後，許多人跟著相繼離開。公司的第五名員工李啟威買了新家，成家立業，他已經厭倦了在 Coinbase 長時間工作。此外，李啟威還擁有一大批萊特幣（比特幣的輕量版），那是 2011 年他在 Google 創立的，那些萊特幣後來的價值已高達數十億美元，僅次於比特幣和

以太幣。李啟威心想，如果有更多人購買萊特幣，萊特幣的價值還會進一步飆升，而實現這個目標的最佳方式，就是在Coinbase上買賣萊特幣。

幣圈裡流傳著一個故事，說李啟威偷偷在Coinbase的程式碼中加入了交易萊特幣的功能，某天深夜，在毫無預警下，他讓那段程式碼上線，結果隔天就被公司開除了。這個故事很八卦，但不是真的。把萊特幣加入Coinbase的程式設計需要寫很久，而且要花無數小時才能啟動，無法一夕間辦到。此外，Coinbase也使用員工所說的「索倫之眼」（eye of Sauron）[1]，以防任何人獨自篡改程式碼。任何竄改都會觸發警報。

Coinbase確實在2017年的春天推出了萊特幣，而且獲得了阿姆斯壯的完全支持，萊特幣的價格後來飆升了25％。媒體宣稱，萊特幣的價格上漲是因為「Coinbase效應」，這個說法為Coinbase的未來帶來了宣傳效果，也帶來了麻煩。兩個月後，李啟威宣布他要離開Coinbase。

• • •

1　譯註：「索倫之眼」又稱魔眼，出現在托爾金的奇幻小說《魔戒》中，是黑暗魔君索倫的標誌。

李啟威離開，意味著Coinbase又失去一名長期信任的員工。不過對阿姆斯壯來說，更大的打擊早在幾個月前已經發生：厄薩姆離開了。

厄薩姆自從力促Coinbase加入以太幣以後，就變得焦躁不安。他是公司的共同創辦人，但阿姆斯壯才是掌權者。雖然他們很早就找到平衡點（阿姆斯壯負責產品，厄薩姆負責業務），但Coinbase再也無法同時容下他倆的雄心抱負。厄薩姆想發號施令，但只要在Coinbase這就不可能實現。他感覺到加密貨幣即將展開一場前所未有的牛市，決定自己創業開發app及推出避險基金。他回憶道：「我很喜歡在Coinbase擔任精神領袖的感覺。」並接著提到，他離開Coinbase後，與阿姆斯壯的友誼反而變得更好。

正式告別是在某個週五上午的一場會議上，他當著所有員工的面宣布這個消息，許多員工都很震驚。厄薩姆誠心地談到他在Coinbase的時光，以及他對加密貨幣的未來有多樂觀。他回憶道：「我非常希望Coinbase運作順利，那裡的每個人都是我找進去的，某種程度上，那就像離開家人一樣。」

接著，這個強勢又冷酷的金融家，這個曾經鼓吹大家衝破銅牆鐵壁的硬漢，做了一件多年來沒做過的事──他哭了起來。

　　阿姆斯壯在2016年9月發布了那篇「祕密遠大計畫」，然而隨著他的雄心壯志持續壯大，後續幾個月，他扛起的重責大任益加沉重，但現在他幾乎沒有值得信賴的朋友能幫他了。隨著加密貨幣開始掀起狂潮，Coinbase面臨一連串新問題，其中又以美國政府最令他頭大。

10 山姆大叔來了

Uncle Sam Comes Calling

　　2016年11月9日，華盛頓特區陰雨濛濛，政治素人川普當選下一任美國總統的消息傳來，金融市場為之戰慄，各大股市指數的期貨合約下跌5%，油價下跌。黃金向來是動盪時期的避險資產，因此金價上漲。比特幣也漲了；川普當選的消息一傳出，比特幣就上漲了3%。對比特幣的支持者來說，那小幅的上漲是華盛頓特區未來三年，唯一會傳出的加密貨幣好消息。

　　在美國的另一邊，加州的特種部隊老兵大衛‧阿茲基（David Utzke）正在為比特幣製造麻煩。他為美國陸軍與海軍在海外服役後，便回國尋找報效國家的新方式，結果在另一個令人望而生畏的單位裡找到了機會：美國國稅局。如今阿茲基四十幾歲，有一口完美的牙齒，腰桿挺得筆直，他正在全球尋找逃稅的人。

　　許多人認為，美國國稅局不過就是一群侏儒會計師組

成的機構，成天在審查報稅單。很少人知道，國稅局其實有個強大的執法部門，雇用像阿茲基這樣配戴徽章與槍支的會計師，他們跟聯邦調查局與緝毒局的特務在同一所學校接受培訓。

美國國稅局是迅速了解加密貨幣犯罪潛力的政府機構之一，它的特務蓋瑞・阿爾福德（Gary Alford）幫聯邦政府破解了絲路這個犯罪市集。阿爾福德有個奇怪的習慣，就是一個檔案總會讀三遍，但這個奇怪的習慣幫他找到了破案的線索。某天他第三遍閱讀某個檔案時，發現一個gmail的位址和絲路的匿名主腦「恐怖海盜羅伯茲」之間有關連，這發現協助司法部找到了烏布利希，也就是「恐怖海盜」，並將他定罪。

早在1980年代，阿爾福德的同事阿茲基就預見數位貨幣會崛起，並在大學選了個新奇的研究重點——經濟學、法務會計、電腦科學——以期有朝一日像比特幣這樣的東西問世。隨著加密貨幣市場在2016年初加速發展，任職國稅局的他開始調查加密貨幣的逃稅狀況。這需要用電腦搜尋2013年至2015年國稅局的所有報稅單，以判斷當中有多少含有8949表單（這是用來申報資本利得的表單）。接著，阿茲基過濾數百萬份報稅單，以找出「申報的財產可能與比特

幣有關」的任何人。他只找到 802 份這樣的報稅單,而前一
年申報比特幣相關損益的美國人恰恰是 802 人。

關鍵在於「**財產**」(property)這個字。2014 年,美國國
稅局宣布,把比特幣等加密貨幣列為財產,而不是貨幣。擁
有比特幣,就像擁有房子或蘋果的股票,如果價格上漲,持
有者出售比特幣,他就必須按照資本利得的規定繳稅(通常
約獲利的 10%)。如果財產的持有者持有不到一年就出售,
那就是短期利得,稅率更高。比特幣既然依法律規定算是財
產,這表示用它購買任何東西時,即使只是買一杯咖啡,也
可能要繳稅。對卡森維這種長年靠比特幣生活的人來說,嚴
格解讀國稅局的規定簡直是無止境的稅務噩夢。

阿茲基再次查看他的搜尋結果。據報導,美國有數百萬
人擁有比特幣錢包。根據他的計算,光是 2015 年,比特幣
的交易額就超過一百億美元。僅僅 802 人申報比特幣的資本
利得未免太少了吧。他越是深入調查誰使用比特幣,就越確
定數位貨幣是逃稅工具。

阿茲基決定對一個已經面臨刑事指控的逃稅者施壓,
要求他透露更多比特幣的相關資訊。這個人本來利用空殼公
司把資金轉入外國經紀帳戶,再透過提款機把錢提回美國使
用,藉此逃稅。他告訴阿茲基這種方法後來變得太麻煩了,

他發現比特幣更容易逃稅。他不必再透過不同公司與帳戶匯錢，只要把現金換成比特幣，然後以比特幣購買汽車、船，以及其他可以轉換成美元的東西。

阿茲基也發現，另一些比特幣買家使用沒那麼明顯、但同樣非法的手段逃稅，其中包括兩家公司，它們把購買比特幣視為技術費用，這樣就可以將它歸類為稅收減免項目。這樣做相當於把購買金條或歐元鈔票的費用當成業務費用來沖銷。這兩家公司要是遭到起訴，他們將會受到嚴重的打擊。Coinbase也是如此。而且不出所料，阿茲基還發現，這兩家公司都是透過Coinbase購買比特幣。

Coinbase與多數比特幣賣家不同的是，它擁有國稅局非常想要、但比特幣圈中很少賣家擁有的某種東西：所有客戶的詳細資料，包括他們的姓名、住家地址、出生日期等等。這些紀錄可以讓國稅局輕易比較Coinbase的比特幣客戶名單與國稅局的紀錄，以查出哪些人逃稅。

打從一開始，阿姆斯壯就打算讓Coinbase在充斥著詐欺與無賴的產業中，當個守法的正派業者。公司的董事迪克森甚至開始稱Coinbase是「加密領域的白騎士」。現在，諷刺的是，白騎士決定遵守「了解客戶」（KYC，know your customer，亦即「身分驗證」）的法律，但這個決定在國稅局

首度調查加密貨幣時，反而導致公司變成國稅局最容易鎖定的查緝目標。那些比較目無法紀的交易所祕密營運，迴避銀行法，反而因此避開了審查。

阿茲基調查過後開出一張傳票，它在2016年底像手榴彈般落在Coinbase。就在厄薩姆離開Coinbase不久前，公司的律師把那張傳票拿給他看。一向鎮定的厄薩姆不禁哀嘆：「喔，真要命，大勢不妙！」面對國稅局，祭出「衝破銅牆鐵壁」那招是無效的。他們把傳票拿給阿姆斯壯看。

傳票是場難以想像的惡夢，但現實擺在眼前。國稅局的追查目標，不是它一直在追蹤的那幾個逃稅者的帳戶資訊。它想要Coinbase每一個出售比特幣的客戶身分（總計逾五十萬人），以及那些人的個人身分資訊，包括他們可能發送給Coinbase的電子郵件，還有他們與Coinbase簽的所有委託書。這將成為追殺逃稅者的法庭。

這張傳票對Coinbase來說也代表加倍的災難。首先，光是彙總及列印五十萬份客戶紀錄的詳細資訊並送到國稅局，就需要Coinbase的員工耗費數百、甚至數千個小時處理文書，而不是把時間拿來擴建公司的加密貨幣服務。

第二項災難是Coinbase會因此聲譽受創。打從一開始，比特幣的基本教義派就覺得Coinbase「集中管理金鑰與帳

戶」的概念問題重重，他們覺得比特幣技術是匿名的，反中央體制，是打破權力結構的一種方式。他們指責 Coinbase 背叛了比特幣的自由意志主義價值觀。自由意志主義的價值觀要求個人不要信任任何中央權威，要靠加密私鑰來保護自己持有的貨幣。他們以一句嘲諷的口號抨擊 Coinbase：「不是你的金鑰，就不是你的幣。」這是諷刺 Coinbase 為客戶儲存比特幣的作法。現在，如果政府取得五十萬個 Coinbase 客戶的帳戶資料，就能證明批評者所言甚是。Coinbase 會因為出賣用戶隱私而遭到鄙視。之前發生區塊大小之爭時，Coinbase 已經遭到各種尖刻的批評（包括死亡威脅），實在很難想像這次它要如何全身而退。

面對堆積如山的文書工作與公關災難，阿姆斯壯做了他認為自己唯一能做的事——他拒絕國稅局的調查。他在部落格裡寫道，花旗銀行、PayPal 或嘉信理財（Charles Schwab）等銀行絕對不會同意國稅局那樣的要求，Coinbase 也不可能同意。Coinbase 準備好面對數百萬美元的法務帳單，並以非法與侵入為由，申請撤銷傳票。

阿姆斯壯寫道：「僅僅因為我們使用數位貨幣，就要求我們交出那麼多人的詳細交易資訊，那是侵犯客戶的隱私，也不是我們達成共同目標的最佳方式。」

　　Coinbase 在這場為期兩年的法律爭戰中取得了一些勝利，它雖然沒有說服法官撤銷傳票，但至少篩減了傳票。最終法院讓國稅局取得一萬三千多個 Coinbase 最大客戶的有限紀錄，那些客戶的交易金額超過兩萬美元，或在一年內做了兩百筆交易以上。Coinbase 也向大客戶提供 1099-K 表格，這個作法與富達等經紀公司長久以來的作法如出一轍。Coinbase 及其客戶都對這個結果不太滿意，但也因此看到一線光明──這場法律之戰能幫 Coinbase 和其他加密貨幣公司更接近主流金融機構的世界。

• • •

　　雖然國稅局宣布比特幣是財產，但是證管會官員正在思考，比特幣嚴格來講究竟是不是一種證券，亦即一種可交易的金融資產。與此同時，財政部的金融犯罪執法網把比特幣視為貨幣。而另一個機構「商品期貨交易委員會」（CFTC，Commodity Futures Trading Commission）則表示，比特幣是一種大宗商品，亦即一種商品或服務。這些專業細節可能乏味至極，但是對新興的加密貨幣產業來說，卻充滿了法律地雷。

　　諷刺的是，在試圖分類及查核比特幣的過程中，美國政府也變成比特幣的一大持有者。FBI 偵破絲路後，從該網

站的主腦那裡查封了約十五萬枚比特幣。後來在美國法警局（US Marshals Service）舉行的多次拍賣中，那些比特幣以數百萬美元的價格售出。與此同時，美國菸酒槍炮及爆裂物管理局（Bureau of Alcohol, Tobacco, Firearms and Explosives）、美國緝毒局、特勤局等機構，也在調查過程中沒收了一些加密貨幣，其中有些比特幣最終落入法警手中，有些則直接消失，不見蹤影。美國政府拿監管措施折磨其他比特幣的持有者，卻無法追蹤自己持有的比特幣。

這還只是聯邦調查局製造的麻煩，州政府的監管機構也希望有發言權。紐約州金融服務廳（New York Department of Financial Services）小心翼翼地維護著它身為華爾街監管機構的角色，以核發許可證來要脅加密貨幣的業者提交一堆文書。想在紐約州做加密貨幣交易的公司，都必須取得「虛擬貨幣營業執照」（Bit License）。光這個流程就要花費超過十萬美元，還可能花上好幾年才能完成。這種官僚地獄充斥著旋轉門政治的臭味。創造那個執照的官員班傑明・勞斯基（Benjamin Lawsky）不久就辭去金融服務廳的職務，創立一家顧問公司，專門做什麼呢？幫公司因應加密貨幣監管法規。勞斯基的這種手段，令比特幣理論家更加深信他們原本就認為的「政府本質上就是專橫霸道」。Kraken 交易所

的自由意志主義派執行長鮑威爾怒罵:「紐約就像你三年前分手的那個傷害你、又有控制狂的前任,只不過他們一直扒著你不放。」

幣圈的另一名大咖沃里斯對這件事情更是憤怒。他很早就開發出比特幣應用程式「中本聰骰子」(Satoshi Dice)這種賭博遊戲,還經營 ShapeShift 公司,讓客戶拿一種加密貨幣兌換另一種加密貨幣。即使以自由意志主義的標準來看,沃里斯也是激進分子。他的政治熱情包括「自由州運動」(Free State movement),這個活動試圖說服成千上萬人搬到新罕布夏州。自由州的支持者希望,那些人搬到那個人口稀少的州後,可以為反政府的狂熱分子創造一個據點。許多自由州運動的參與者也宣揚比特幣,把它當成一種顛覆國家掌控貨幣供給的方式。沃里斯失望地看著紐約正在發生的事情,他在推特上寫道:「虛擬貨幣營業執照今天正式成為紐約的法律。各位,為自由、資本主義、創新掬一把淚,然後就乖乖就範吧!」

當然,幣圈不是每個人都認同沃里斯的觀點。包括阿姆斯壯在內的許多人希望,經過深思熟慮的審慎監管可為幣圈帶來穩定,並幫它變得更主流。

遺憾的是,美國新興的加密貨幣監管制度並沒有帶來穩

定，而是以繁文縟節約束它。許多政府機構仍在爭論這玩意究竟是錢或財產，還是像冷凍柳橙汁那樣的商品。各州的規則開始增多，繁文縟節使市場變得更不穩定，也使加密貨幣變得更不合法。

與此同時，其他國家在美國監管風暴中開闢了安全港，讓加密貨幣公司在比較平靜的環境中營運。例如，瑞士楚格州（Zug）建立了「密谷」（Crypto Valley），供企業試驗新的商業模式，不必擔心陷入監管陷阱。美國創業者與投資者開始警告說，美國若不盡快驅散監管的陰霾，加密創新世代可能會遠走他鄉。

責任不能完全歸咎於監管機構。國稅局與其他政府機構不過是使用他們擁有的工具罷了，而且這些工具幾乎都早在比特幣出現前就已經存在。監管機構只是想把加密科技這個新技術硬塞入舊的法律框架中，不巧那個框架是為了早年的金融時代設計的。這個情況其實跟汽車剛開始出現在美國道路上沒太大的差異。二十世紀初由於沒有法律可以規範汽車，各國政府於是竭盡所能，調整他們為馬匹與馬車設計的規定。當然，從長遠來看，這樣做證明是不切實際的，需要新的法律來規範汽車。

Coinbase有很多支持者跟Airbnb、Uber、眾多矽谷公

司的支持者一樣，這些公司的業務是以一些人所謂的「監管套利」為基礎，亦即利用監管漏洞，同時散播自我感覺良好的公關消息，例如「共享經濟」之類的空泛用語。這個策略套用在其他新創企業時效果很好，讓這些企業成長到足以打贏每一場官司並討好政客。但阿姆斯壯知道，加密貨幣產業若要在這方面有所突破，需要政府制訂新法律。那表示他們需要去國會幫立法者制定更好的法律——阿姆斯壯前往華盛頓特區的時候到了。

• • •

雖然華爾街與矽谷是截然不同的地方（就像懷特去康托菲茲傑羅公司發現的那樣），但他們確實對自由市場及世界文化都充滿了熱情，這使他們成為古怪的遠親。另一方面，矽谷與華盛頓之間則像倉鼠與河馬一樣迥異。國會裡的多數人對矽谷充滿了敵意與懷疑，加州多數科技怪才則極度厭惡華盛頓充斥的政治與遊說活動（儘管Google、臉書之類的科技巨擘最終也變得非常擅長遊說）。

Coinbase團隊多年來已經造訪華府數次，試圖說服議員相信加密技術的潛力。但他們的遭遇並未改善他們對華府的觀點。長期擔任Coinbase律師的蘇亞雷斯曾試圖指導立法

者了解加密貨幣,但失敗了。他說:「我試圖向華府的人解釋比特幣,但他們只問起卡森維三年前在部落格發表的古怪文章。」他指的是前同事寫的一些鬆散雜文。

阿姆斯壯沒有時間參與華府那種政治活動。他覺得既然他可以透過Coinbase為十億人帶來經濟自由,何必跟那些政客打交道呢?不過有個人例外——那是來自他家鄉的女眾議員,亦即大權在握的眾議院議長兼民主黨領袖南希‧佩洛西(Nancy Pelosi)。有一次阿姆斯壯去她位於舊金山的辦公室開會時,她沒有提到她多重視自由主義,而是非常親民,告訴阿姆斯壯她非常尊重及欽佩創業者。在Coinbase的西岸大本營,阿姆斯壯因應得了佩洛西這樣的人。但是華府這兒聚集的,盡是些關注狹隘問題的黨派議員,他們對科技往往一無所知,他實在不想面對那些人。

不管阿姆斯壯與佩洛西談得多融洽,國稅局的調查與監管風暴都顯示,Coinbase必須在政治上加倍努力。阿姆斯壯聘請了政治調解專家邁克‧倫普雷斯(Mike Lempres)。倫普雷斯在1990年代擔任美國司法部次長,曾與威廉‧巴爾(William Barr)和羅伯‧穆勒(Robert Mueller)共事(巴爾後來獲川普總統任命為司法部長;穆勒後來領導聯邦調查局,深入調查俄羅斯干預美國大選的事件)。倫普雷斯是舊金山的

第五代後裔，儘管一頭蓬鬆白髮日益稀疏，但依舊洋溢著青春活力。在 Coinbase，他接下的艱巨任務是：讓阿姆斯壯先接納華府。畢竟，如果公司想在加密貨幣領域取得政治上的勝利，派執行長擔任特使可能是策略關鍵。倫普雷斯說：「我告訴他：『布萊恩，我希望你喜歡這裡。』最好每年至少來華府兩次。」但他遺憾地補充說：「他不喜歡這裡。」

　　他們一起拜會華府的經驗，除了令阿姆斯壯更想馬上回到加州，幾乎沒有其他影響。華府既炎熱又潮濕，令人相當難受，華府的閒談文化也令他厭煩。他喜歡的是打造東西，而不是光會誇誇其談。他會見的幾名參議員只會耍嘴皮子，其中一位是堅定的民主黨人。阿姆斯壯後來對 Coinbase 的同事說，那個人是「十足的混蛋」。

　　他唯一喜歡華府的地方，大概是載著國會議員在國會山莊各地穿梭的地鐵。除此之外，華府之行很失敗。倫普雷斯原本希望把華府運作的方式傳授給阿姆斯壯，但毫無效果。倫普雷斯回憶道，他們回家的路上，「阿姆斯壯想在回程的航班上，解決證管會那邊的問題。他認為現在該回到第一原理（first principle）[1]並重新思考整個機構了。問題是證管會的

1　譯註：最基本的命題或假設不能省略或刪除，也不能違反。

法律已有百年歷史，他們不會為了他而改變法律。」

　　不管有沒有阿姆斯壯，政策都會制定出來。華府極其緩慢地了解著加密貨幣，緩慢地制定計畫。與此同時，蓬勃發展的加密貨幣投資者可不願坐等聯邦政府下決定。就在國會猶豫不決之際，現代史上最誇張的金融泡沫之一膨脹得比爆紅名人的自尊還快。

11 加密貨幣狂潮

Initial Coin Insanity

2017年6月5日，以太坊創辦人布特林車禍身亡的消息在社群媒體上瘋傳，投機者驚慌失措，以太幣下跌了20％，以太坊的價值在幾小時內就蒸發了四十億美元。

翌日，換成布特林本人發的一則推文在網路瘋傳。推文展示了一張他的照片，照片中他還活著，舉著一張紙，上面寫著以太幣區塊鏈的最新區塊編號，以及一個解開那個區塊的數字（所謂的雜湊值〔hash〕）。布特林那則推文，相當於遭綁架的肉票拿著當日報紙拍照，以證實自己仍活著的區塊鏈版。那張照片證明了布特林沒死，因此以太幣的價格隨即反彈。

這起車禍消息是4chan網站的酸民惡搞出來的，目的可能是為了操縱市場，或僅僅出於惡作劇。無論是什麼原因，這個事件都顯示，布特林這個開發出以太坊的奇才，對於以太幣的成功及加密貨幣的整體成敗有多重要。它還突顯出在

2017 年的加密貨幣熱潮中，以太坊如何超越比特幣，晉升為加密貨幣圈的主角。

當年早些時候，以太幣的價格是十三美元。到了夏天，已經漲了三十倍，接近四百美元，而且飆漲的趨勢才剛開始。與此同時，拜以太坊所賜，另外數十種加密貨幣也開始熱門起來，後來甚至出現數百種。

• • •

你可能還記得，以太坊是布特林的智慧合約機（smart contract machine），是比特幣在區塊鏈世界中的主要競爭對手。但它也是構建其他加密貨幣專案的最熱門平台。假設有人想在區塊鏈上提供檔案儲存或運動博彩呢？一種作法是為此專門打造一個區塊鏈。然而，一種更簡單的方法是使用智慧合約，在以太坊上建構那個服務。在新興的加密貨幣產業中，以太坊就像一種新型網路，而這些新的第三方專案（比如檔案共享或運動博彩），就是在以太坊上運作的網站。

不過，以太坊與網路有一個關鍵差異。在以太坊上運作的服務，需要一種特殊的數位代幣才能運作。套用「網路」這個類比的話，這就好像每個網站都要求所有訪客先取得某種貨幣，然後使用那種貨幣才能讀取那個網站。

　　另一種看待以太坊的方式，是把它想成遊樂園。以太坊擁有那個遊樂園，並開放讓人在裡面建造及管理各種遊樂設施——也就是運動博彩、檔案儲存等app。如果你想玩雲霄飛車，得先買雲霄飛車的代幣，投入代幣才能搭乘。同樣的，想搭旋轉木馬就需要先買旋轉木馬的代幣。以太坊是幫遊樂設施的經營者鑄幣，每次有人使用代幣玩遊樂設施時，以太坊可以抽一點佣金。來遊樂園的遊客可以搭乘任何遊樂設施，也可以搭乘多種遊樂設施，但這個遊樂園沒有一票玩到底的通行證，遊客必須使用每種遊樂設施的專屬代幣，而專屬代幣要在以太坊的櫃台取得。

　　不過這個遊樂園有個奇妙之處：大多數的遊樂設施都尚未建成，但顧客依然為未來的設施購買了代幣。玩家使用以太坊來購買代幣，是希望那些代幣有一天可用於某種區塊鏈服務。在現實中，他們投資的遊樂設施可能會建成，也可能不會。但是他們等待遊樂設施建成的時候，如果有人看好那個設施會完成、也想買它的代幣，持有代幣的人隨時可以轉賣出去——這就是目前多數人所做的，大家純粹只是在投機。

　　2017年，每天都有人在網路上宣布新的代幣專案，每天都有人搶購代幣。這些專案涵蓋五花八門的領域，例

如SpankChain（承諾一種直接付費給色情演員的方法）、ASTRCoin（號稱可在小行星上享有權利）。這個現象稱為ICO。這不是IPO（initial public offering，首次公開募股），而是「首次代幣發行」（initial coin offering）。整個ICO的過程可能持續幾天或幾週，需要把資金（通常是以太幣或比特幣）發送到專案的線上錢包，並等著收取代幣。

歷史上從來沒出現過這麼簡單的募資方法，只要花很少的心血，就能向很多人募資。ICO的數量與規模都超乎眾人想像，每天交易的數額非常驚人。一家名為Filecoin的公司承諾打造一個區塊鏈儲存網絡，它的ICO募集了2.05億美元。Bancor這家公司販售一種線上超級貨幣，它在三小時內就募集了價值1.53億美元的以太幣。一家名為Brave的新網路瀏覽器更是在短短三十秒內，就募集了三千五百萬美元。一種名為EOS的服務募資時，把這波ICO的金流熱潮推到了顛峰。EOS自稱是以太坊的競爭對手，在《野鴨變鳳凰》的前童星布羅克・皮爾斯（Brock Pierce，他把自己塑造成加密圈的名人）的行銷宣傳下，籌集了四十二億美元。

截至2017年，唯一能募集到那麼多資金的公司，是優步或Airbnb那樣炙手可熱的新創企業，亦即矽谷俗稱的「獨角獸」。當然，很多人認為優步那種公司的估值過高，但沒

有人能否認這些新創企業擁有的東西：驗證可行的商業理念、數百萬名客戶、數十億美元的營收。相較之下，許多發行ICO的公司根本沒有這些東西。他們只是小型的開發團隊，公布一份概述其理念的白皮書，其他什麼也沒有，就募集了數百萬美元。他們的支持者認為有白皮書就夠了，畢竟比特幣與以太坊也是從九頁白皮書衍生出來的，那些專案現在的價值都高達數十億美元。為什麼這些ICO專案就不能產生相同的結果？

不少見過泡沫破滅的金融觀察家指出，拿數億美元投入這些五花八門的區塊鏈專案，簡直是瘋了。《金融時報》頗具影響力的Alphaville專欄嚴詞批評ICO及那些加密貨幣粉絲，並警告最後大家可能血本無歸。然而，這種來自傳統金融圈的末日預言，對矽谷泡沫裡的狀態幾乎毫無影響。這時泡沫裡的科技精英正熱切地討論他們其中一員發表的一篇文章。

那篇文章的標題是〈對代幣的想法〉（Thoughts on Tokens），內容說明ICO這種募資方式如何促進融資大眾化，為全球各地的投資標的打開大門：草創新創企業不再需要依靠一小群創投業者的資金。以後投資新公司不再是矽谷大老的專利，矽谷大老也必須和全球的代幣買家競爭。該文的作

者是巴拉吉·斯里尼瓦桑。三年前，他出現在Coinbase，貌似流浪漢和毒販，但抱持著過人的想法，如今他已是安霍創投公司（Andreessen Horowitz）的合夥人。那篇文章在矽谷投資圈裡流傳，引發了一陣FOMO（Fear of missing out，錯失恐懼症）熱潮。不久，創投業開始挹注資金到早已資金滿溢的新興加密產業。

對創投來說，投資加密貨幣是一種避險。如果斯里尼瓦桑的論點是對的，那麼即將到來的代幣經濟，將會顛覆矽谷長期以來在新創圈呼風喚雨的角色，所以最好趕快進入這個新興產業，占據有利的位置，因為這個產業可能抹煞沙山路（Sand Hill Road）[1]的地位，使它變得無關緊要。

美國人對日益火熱的加密貨幣狂潮越來越熱衷，但與太平洋彼岸的現況相比，簡直是小巫見大巫。在南韓，投資加密貨幣就像買共同基金一樣普遍。到2017年底，南韓約有三分之一的勞工擁有某種數位貨幣，其中很多人屬於南韓的低收入階層，他們自稱「土湯匙」[2]，覺得擁有加密貨幣是千載難逢的翻身機會。南韓的電視台也搧風點火，推出類似遊

1　沙山路是位於帕羅奧圖（Palo Alto）和門洛帕克（Menlo Park）的知名路段，是許多知名創投公司的所在地。

2　譯者註：湯匙就像階級，分成金湯匙、銀湯匙、銅湯匙、土湯匙等等。

戲節目的企劃，讓參賽者競相推出新貨幣。在日本，搶著購買加密貨幣的不單只有年輕人。在東京街頭，零售店如雨後春筍般湧現，為老年人與其他不擅長使用科技的人提供購買加密貨幣的簡便方式。這些商店消除了金鑰、錢包、區塊鏈的神祕感，讓顧客走到櫃台就能買加密貨幣，就像買麵一樣簡單──可說是Coinbase簡單好用策略的實體版。

2017年的年中，市場上除了比特幣、以太幣、萊特幣等主要加密貨幣，也湧入許多透過ICO創造的新代幣，諸如Qash、QuarkChain等等。不管那些新幣多麼鮮為人知，它們幾乎都自稱將會是下一個比特幣──或者至少是類似的東西。以牙醫幣（Dentacoin）為例，它承諾它將成為牙醫選擇的加密貨幣，它的ICO籌集了一百一十萬美元。在這個形形色色的加密貨幣不斷飆升的市場中，很多人心想：何不趁著市場上其他人哄抬價格之前，體驗一下全新的ICO呢？於是，每天似乎都有某種不起眼的加密貨幣以100％的速度升值，這又激勵了另一個ICO出現。

加密貨幣媒體把這些湧現的新幣稱為「另類幣」（altcoins），亦即有別於比特幣的替代品。比特幣的長期信徒對這類新幣有他們自己的稱法：「屎幣」或「山寨幣」（shitcoins）。批評屎幣的人認為，這些新幣是採用不可靠的技

術，再以騙人的行銷手法銷售。

在這股熱潮期間，一場特殊的投資者會議在紐約舉辦。摩根大通執行長傑米·戴蒙是與會嘉賓，他可能被猖獗的投機風潮嚇到了，嚴詞抨擊包括比特幣在內的加密貨幣。他說，要是逮到員工交易比特幣，他會以愚蠢為由解雇那個員工。他也警告，加密貨幣不會有好結果的。「那是騙局，」接著他補上一句，「比鬱金香球根還糟。[3]」

市場根本不在乎戴蒙的話，也沒人關心屎幣的批評者講什麼。價格不斷攀升，ICO持續倍增。在國會山莊，聯準會主席葉倫在國會作證，卻被一個惡作劇的人搶了鏡頭，那個人舉起黃色記事本，上面寫著「買比特幣」。那張照片看起來好像表情嚴肅的葉倫頭上浮現一個漫畫的泡泡，泡泡裡面寫著「買比特幣」。那張照片後來變成一張迷因圖，在加密貨幣社群裡流傳。大家以比特幣「舉牌男」（bitcoin Sign guy）來稱呼那個惡搞的人。舉牌男因為這番惡搞，獲得比特幣擁護者捐贈六個比特幣，價值約兩萬五千美元。

到了6月，比特幣的價格已是年初的三倍，達到三千美元的歷史新高，以太幣則上漲了三十倍，達到三百八十美

3　譯者註：指十六世紀荷蘭的鬱金香狂熱。這次事件和英國的南海泡沫事件及法國的密西西比公司並稱為近代歐洲三大泡沫事件。

元。許多長期持有加密貨幣的人，現在的身價暴漲至數百萬或數千萬美元。他們把部分的持有變現，投資於新貨。那些靠ICO暴富的人通常把這筆意外之財投入其他ICO，為加密貨幣的熱潮注入更多資金。

漲潮推高了所有的船，包括Coinbase。這股熱潮為Coinbase帶來數百萬個新客戶，不管它的系統量能是否吞得下這麼多。

・・・

2016年6月，Coinbase的員工覺得日子很美好。舊金山天氣和煦，加密貨幣與股票選擇權的價值持續膨脹，讓他們更覺得飄飄然。然而，6月22日的上午，市場突然崩盤了。員工難以置信地盯著螢幕，接著是恐慌，最後陷入絕望。一隻最近靠ICO收益滿滿的「鯨魚」，突然把價值數百萬美元的以太幣拿到GDAX交易平台上拋售，導致以太幣暴跌。價格暴跌引起其他人跟著拋售，導致價格進一步下滑，引發連鎖反應，以太幣的價格猶如自由落體，在GDAX上從320美元跌破300美元，接著急劇下跌至13美元，甚至一度跌到只剩10美分。

這是典型的閃電崩盤。2010年，傳統交易所也發生過

類似事件。當時一名倫敦交易員做了虛假的交易，暗示市場上即將出現拋售，結果導致美國股市陷入三十分鐘的混亂。那名交易員的惡搞欺騙了市場上的其他人，尤其是那些預設了自動「賣單」的人（股價低於某個價格就自動執行賣單）。這些機器引發的拋售，導致其他機器也跟進拋售，不管價格及出售是否合理。寶僑（Procter & Gamble）與埃森哲（Accenture）等穩健的公司，股價都一度跌到只剩幾美分。直到交易所停止所有交易，並取消這場機器引發的混亂中所發生的一切交易，崩盤才終於停止。

2010年的閃電崩盤促使各大交易所採用「熔斷機制」（circuit breakers），在出現違反常理的異常波動時，系統就自動暫停交易。七年後，Coinbase仍然沒有這種系統。諷刺的是，Coinbase那個月早些時候才剛做了一次閃電崩盤的桌面模擬，但沒有人想到要安裝熔斷機制。

在閃電崩盤期間負責領導GDAX的懷特把責任歸咎於自己，也歸咎於那些不懂專業的業餘人士。他們是所謂的散戶交易員，利用GDAX的強大平台來交易自己的帳戶，而不是代表機構法人交易的專業交易員。懷特回憶道：「那些散戶根本無法自保，那就好像你給了他們一把機關槍，卻發現他們根本不會用。」

不只散戶投資者受到自動賣單的影響，許多Coinbase
的員工也是受災戶。他們把自己的GDAX帳戶設成以太幣
跌破至某個價格時就賣出，結果只能眼睜睜看著系統賤賣他
們持有的以太幣。客戶對崩盤的怒火及許多員工遭遇的財務
損失，使辦公室的士氣一落千丈。

兩天後阿姆斯壯宣布，Coinbase不會取消閃電崩盤期間
發生的所有交易，但會補償混亂時因拋售而受損的人。這個
處理方式對Coinbase來說是雙輸，但維持了Coinbase對買
賣方（及受損員工）的信譽。此舉導致Coinbase損失了兩千
萬美元，後來引來「商品期貨交易委員會」（CFTC）調查。

閃電崩盤事件對Coinbase來說是一次代價高昂的教
訓。不過，在那幾個月的加密貨幣狂潮期間，Coinbase不
是唯一記取痛苦教訓的市場參與者。一般人也有虧損，但與
Coinbase的損失不同的是，他們的虧損並非出於無心之過。
加密貨幣的蓬勃發展養出了加密貨幣的掠奪者，他們以多種
無恥的詐騙手法，從貪婪好騙的人身上詐取錢財。

• • •

「Bitcooooonnnnnect！」舞台上響起宏亮的聲音，「嘿！
嘿！嘿！什麼好康？Bitcoooooonnnnnect！」

　　說話的人是個體態健美的禿頭拉美裔男子，名叫卡洛斯‧馬托斯（Carlos Matos），他滿臉笑容，在舞台上來回走動，他的身後站著一排咧嘴而笑的投資客，鼓掌看著他表演。舞台背景是藍色，上面寫著大大的 Bitconnect。接著，他再度嚎叫起來。

　　「Bitc00000nnnnnect！」觀眾群起歡呼。接下來他開始傳銷：他講述自己如何利用 Bitconnect 把四萬美元變成十二萬美元，而且很快又會變得更多。

　　馬托斯是透過一個網站投資，那個網站鼓勵客戶拿比特幣去交易一種名為 Bitconnect 的新型加密貨幣。客戶可以出借 Bitconnect，一個月獲得高達40％的報酬。如果客戶拉更多人加入 Bitconnect，就可以獲得更高的報酬。撇開加密細節不談，Bitconnect 就是一種老式的龐氏騙局。

　　這個騙局運作了一陣子，Bitconnect 幣在 2017 年飆升到四百五十美元的歷史高點，但幾個月後該公司遭到 FBI 調查而關閉，Bitconnect 幣的價格隨即暴跌。如今，它的數百萬枚代幣已經一文不值。Bitconnect 一度在加密貨幣的熱門排行榜中排名第二十位，有數千人購買了，結果都血本無歸。唯一剩下的價值是馬托斯的「Bitcoooonnnnnect！」嚎叫聲，因為那聲音後來變成網路迷因，也成了約翰‧奧利弗

（John Oliver）深夜脫口秀《上周今夜秀》（*Last Week Tonight*）的嘲諷素材。

　　Bitconnect的投資者不是加密貨幣詐騙的唯一受害者，很多投資者也是ICO退場詐騙（exit scam）的受害者。搞ICO退場詐騙的騙子甚至連經營公司的假象也不裝了，他們只為新幣宣傳空洞的承諾，留足夠時間收取ICO的募資，收到資金後就在網路上消失得無影無蹤。

　　這種騙局太容易了，因為ICO募資只需要架設一個網站及發布一份白皮書。最誇張的例子是，騙子直接從其他白皮書複製與貼上專業術語，只更換標題。有些網站會放上ICO倒數計時鐘、行銷口號、ICO團隊的生平來做做樣子。當然，那些ICO的團隊簡介通常是虛構的。不少ICO網站把以太坊創辦人布特林列為高管或顧問，其實他和那些專案毫無關係。

　　有駭客技術的騙子找到了能更快從ICO獲利的方式：搶劫。他們悄悄掌控ICO的網站，然後在籌款開始那天，改變ICO團隊用來收集比特幣和以太幣的錢包網址。真正的ICO團隊只能驚恐地看著投資者的資金轉移到駭客手中。

　　Coinbase也不得不因應駭客掏空客戶帳戶的問題。雖然Coinbase加強系統以防範入侵者，但是面對那些不妥善保護

帳戶密碼的客戶，Coinbase 也無能為力。這種帳戶遭駭通常是因為客戶的 Gmail 帳戶遭到釣魚攻擊——類似 2016 年大選前俄羅斯對民主黨政客約翰·波德斯塔（John Podesta）的攻擊。Coinbase 客戶的 Gmail 帳戶一旦遭到駭入，駭客就可以重設其帳戶密碼，竊取其加密貨幣。

Coinbase 與銀行和其他網站一樣，要求雙重身分驗證——客戶更改密碼前，必須先輸入傳到其手機的代碼。然而，駭客找到一種繞過這個障礙的方法：賄賂 AT&T 等無線通訊業者的員工。一個腐敗貪婪（有時是天真）的員工，為了區區幾美元，就同意更改與客戶帳戶有關的 SIM 卡。這樣就可以讓駭客攔截 Coinbase 發送的身分驗證碼，從而竊取客戶的帳戶。這個伎倆聽起來很複雜，但是在加密界變得非常普遍，甚至還有個名稱：「SIM 卡偷換」（SIM-swapping），而且會導致客戶對通訊業者提出集體訴訟。

還有些騙子則是鎖定充斥著犯罪計畫的社群媒體。社群媒體是加密文化的重要部分。在推特上，騙子用阿姆斯壯與維塔利克的頭像來建立個人帳號，宣稱他們將在特別的宣傳活動中贈送比特幣和以太幣。騙子鎖定的那些推特用戶，若要獲得免費的比特幣或以太幣，必須先發送少量加密貨幣到某個帳戶。當然，那些錢會立即被騙子拿走。推特最終會關

閉那些冒名帳戶，騙子只需要再開新帳戶就能繼續詐騙。這個問題變得非常普遍，以至於布特林把他的推特帳號名稱改為「不送以太幣的布特林」。

Telegram是幣圈愛用的即時通訊app，上面有騙子籌劃操縱市場的陰謀。Telegram上有個名為「Big Pump」的組織，他們會選擇一種鮮為人知的另類幣，然後大夥兒講好一起買進。他們希望，買家的興趣暴漲在市場上引起轟動，促使天真的局外人跟著買進，進一步推升價格。然後，Telegram那群人再集體出售他們持有的部位，完成加密貨幣版的經典投資騙局：拉高倒貨（pump and dump）。不過，那些希望迅速致富而加入「Big Pump」的人，其實不知道騙局的來龍去脈，他們也是受害者。像Big Pump這種團體的組織者，早就持有他要拉高價位的貨幣，他把那些可能成為共謀的人當成待罪羔羊，讓他們以更高的價格購買新幣。加密貨幣產業充斥著「笨錢」（dumb money）[4]，以至於黑吃黑、割韭菜的現象屢見不鮮。

加密貨幣的熱潮發展至此已經失控了，唯一能讓它再進一步膨脹的是名人加持。這種推力很快就出現了。7月27

4　譯註：笨錢指一般散戶的資金。相對的，機構投資人（法人）則稱為「聰明錢」（smart money）。

日，人稱「錢王」的知名拳手佛洛伊德‧梅偉瑟（Floyd "Money" Mayweather）在 Instagram 上發了一張他帶著裝滿現金的手提箱在飛機上的照片，並搭配以下文字：「8月2日我將在 Stox. com 的 ICO 上海撈一票。」

在運動圈，甚至在幣圈，幾乎都沒有人聽過 Stox。該公司聲稱它提供一種預測賽馬與其他賽事的區塊鏈程式。這家公司的起源鮮為人知，商業計畫也寫得馬虎隨便，但這些可疑的狀況並未阻止這位知名拳手在 Instagram 上繼續發文告訴全世界：「從現在起，你們可以叫我佛洛伊德‧加密貨幣‧梅偉瑟了。」

不久之後，社交名媛帕麗斯‧希爾頓（Paris Hilton）在推特上發文表示，她非常期待參與一款名為 Lydian 的代幣發行，那個代幣承諾「在區塊鏈上做人工智慧行銷」（這句話完美地匯集了時下的各種流行語）。

‧‧‧

在華盛頓特區，證管會驚訝又驚恐地看著 2017 年種種事件的發展。那些明目張膽的騙局確實不好（而且非常多），但 ICO 的概念也不好。畢竟，美國法律規定，對一般人發行任何證券，都必須先向證管會註冊。這個流程的目的，是

為了要求公司遵守與會計及透明度有關的規則。然而，這些ICO顯然就是在發行證券。即使發起人稱它們是貨幣，又使用大量的區塊鏈術語，但它們出售的東西看起來就像股票或其他證券的股份。

阿姆斯壯可能想要改造證管會，但ICO所做的事情某種程度上證明了證管會的日常監管確實很重要。少了證管會監管，就會出現Bitconnect這種騙局，出現拉高倒貨，出現賄賂、網路釣魚、SIM卡偷換。

而且這些騙局的規模相當驚人。

幣圈專業刊物《CoinDesk》報導，光是2017年的第二季，ICO就透過代幣銷售吸金7.29億美元。那規模是創投業者（新創企業的傳統募資來源）同期投資金額的三倍多。而且，ICO熱潮絲毫沒有減緩的跡象。

七月下旬，美國證管會終於打破沉默，發布一份關於DAO專案的報告。DAO就是2016年推出的那個自主投資服務，但遭到駭客攻擊，導致以太坊區塊鏈回溯的專案。那次駭客襲擊擾亂了以太坊的世界，但是對證管會來說，重點是DAO一開始就是一場ICO，它向投資者吸收資金並發代幣給投資者。證管會說，那些代幣就相當於發行證券。

那份DAO調查報告明確顯示，證管會終於踏入加密貨

幣領域了,但那份報告不過是一種警告。證管會承認,它沒有發布任何有關加密貨幣的規定,所以DAO的創辦人嚴格來說並沒有違反法律。因此,證管會是利用「DAO事件」來提醒那些想要發行代幣的賣家:除非創辦人先向證管會註冊加密貨幣,否則證管會將把未來的ICO視為非法。

這份公告原本應該會讓席捲美國的加密貨幣熱潮降溫,豈料竟然毫無影響。那個消息公布幾個月後,比特幣的價格再創歷史新高,逼近五千美元。以太幣也在飆漲,其他數百種另類幣跟著大漲。肆無忌憚的加密貨幣推廣者還是繼續推出ICO。一般認為證管會是金融市場的警察,大權在握。但是在2017年的加密貨幣熱潮期間,這股狂熱的規模太大,導致證管會措手不及,彷彿購物中心的一名警察懇求一群暴動的青少年冷靜下來一樣。

到了2017年的下半年,加密貨幣的熱潮已經變成主流。商業電視台CNBC開始天天報導如何購買比特幣。一堆可疑的公關公司突然出現,宣稱他們可以透過「ICO套裝軟體」幫忙宣傳新代幣的銷售消息。狡猾的律師想出一種名為SAFT(Simple Agreement for Future Tokens,「未來代幣簡單協議」)的法律協議,他們宣稱那份協議可以規避證管會最近發表的聲明(亦即ICO形同發行證券)。

　　與此同時，蘭博基尼跑車在紐約與舊金山等加密貨幣中心越來越常見。這種奢華跑車本來就是一種炫富的象徵，如今在加密貨幣社群中變成了護身符。加密貨幣社群喜歡以「何時開蘭博基尼？」來代表「我的代幣何時會漲翻天？」由於加密貨幣的價格飆漲了十倍甚至更多，對數十位富到流油的年輕人來說，「何時開蘭博基尼？」的答案是「現在就開」。蘭博基尼跑車的銷售比前一年成長了10%以上。

　　刺激加密貨幣熱潮的最後一種燃料，是比特幣衍生出來的比特幣現金（Bitcoin Cash）。出現比特幣現金，是源自一件未完結的事情──亦即2015年開始的比特幣區塊大小之爭。一群中國礦工對比特幣持續存在的壅塞問題感到不滿，於是推動一項計畫，以推出一種區塊較大的新版比特幣。

　　推出比特幣現金，意味著系統必須進行硬分叉──就像以太坊一年前經歷的那種徹底的軟體更新。硬分叉之後將會出現兩條相互競爭的區塊鏈。儘管長期的比特幣信徒大多不喜歡硬分叉，那些喜歡大區塊的人有足夠的影響力，可以要求夠多礦工去開採新的比特幣現金。

　　這樣做的的好處是，比特幣現金出現時，它馬上就變成價值第四大的加密貨幣，價值數十億美元。這也表示，任何在拆分前持有比特幣的人，都能獲得等量的新幣，那完全

是一筆意外之財。那就好像在一場荒謬的牛市中，發放一大
筆現金股利給股票持有者。許多收到比特幣現金的人把它賣
出，將收益直接投入過熱市場的其他部分。

　　加密貨幣的價格本來就和現實世界的價值幾乎沒有關
係，現在又不斷攀升，投資者持續買進。相較於2017年的
加密貨幣熱潮，1990年代網路狂潮的股票購買（當時聯準會
的主席葛林斯潘稱之為「非理性繁榮」）顯得相當理智。

　　卡森維離開Coinbase後，他創立的加密避險基金隨著
加密貨幣熱潮興起，水漲船高，這下子輪到他成為這個時代
的驚嘆號了。他登上《富比士》雜誌的封面，一頭蓬亂金髮
與西裝外套相映成趣。封面上的他隨意拋出硬幣，俏皮地盯
著鏡頭。封面下方以大寫字母寫著「史上最瘋狂的泡沫」。

12 | Coinbase崩解

Coinbase Crackup

　　麥格拉思把滑鼠游標停在「發送」鈕的上方，猶豫不前。身為Coinbase長期的人力資源專家，幾週前她就寫好了這封信，也非常希望它能永遠留在草稿匣中。但是當天早上Coinbase收到的炸彈威脅，比之前的任一次更可怕，也更可信。她盯著那封不祥的電子郵件，它是以全英文大寫拼寫而成的，信中告訴所有員工逃離大樓，但要保持冷靜。她應該按下發送鈕嗎？她必須做出決定。

　　Coinbase寬敞的開放式辦公室位於舊金山的某棟高樓上方，麥格拉思坐在辦公桌前不禁心想，這家公司是什麼時候開始改變的。三年前，她在位於布魯索姆街的破舊公辦公室裡擔任幕僚長。後來她升任總監，並即將成為副總裁。頭銜好聽，薪水更好了。然而她比較懷念早期的Coinbase，那時公司感覺沒那麼企業化，她可以與阿姆斯壯、卡森維、一小群像家人一樣的員工一起領導活動，例如在納帕谷舉辦溫

泉派對，或在市區上火舞課。以前，安全議題也不是那麼重要。在布魯索姆街，他們需要應付一些不請自來的怪咖。現在，Coinbase雇用FBI的前特務來維護安全，也預先草擬電郵以便緊急疏散。

麥格拉思不是唯一感到不安的人。保安主管馬丁認為，隨時保持最高警覺就是他的工作，如今整天疑神疑鬼地提高警覺一點也不難。他回憶道：「我們的郵政信箱不斷收到一些奇怪的包裹。」此外，他們幾乎週週收到炸彈威脅與其他暴力資訊。最近發生一次事故，促使舊金山警局派一組警員駐守在Coinbase大樓外的市場街。後來證明是虛驚一場，但也加遽了公司內部日益強烈的不安感。

為了因應這次最新的威脅，麥格拉思再次與保安小組商議。商議後，她把郵件移回草稿匣。炸彈威脅是真正的風險，但在職場上散布恐慌也是如此。她只能暗暗祈禱自己做了正確的決定。

當下還有其他事情需要擔心。司法部資深人士倫普雷斯受聘擔任Coinbase的政治仲介，他擔心萬一幫派盯上了Coinbase，會發生什麼事恐怕不堪設想。風控安全顧問公司Control Risks每季平均記錄兩起與加密貨幣有關的綁架事件，罪犯者是根據個人財富的公開數據來選擇綁架目標。倫

普雷斯指出：「這些傢伙的無知是個問題，他們以為只要綁架布萊恩，他就會給他們比特幣。矽谷真的不適合對付俄羅斯或義大利黑手黨之類的老幫派。」

馬丁也擔心，比特幣的知名度持續攀升，Coinbase的名氣跟著水漲船高，可能吸引竊賊策劃搶劫。這也是為什麼2017年以後，阿姆斯壯和其他加密貨幣的高管鮮少在毫無保鏢陪同下公開露面。他們也開始熟練緊急應變策略，例如在綁架或暴力事件中使用暗語。

除了這些安全問題，Coinbase還面臨自家客戶的威脅。2017年的牛市給Coinbase的系統量能帶來了壓力，導致系統崩潰（例如六月的閃電崩盤），客服問題也越積越多。客戶不僅在電子郵件中表達強烈的不滿，也上Reddit之類的線上論壇飆罵，指控Coinbase意圖竊取他們的加密貨幣。當然，事實並非如此。Coinbase只是忙不過來，由於交易量大幅成長及新客戶湧入，系統一時應付不來。Coinbase的員工就像勇敢的狗兒在湍急的水流中划水一樣，日以繼夜地加班，週末假日也不停歇，只為了維持網站運作，以及消化不斷累積的客服問題。但加密貨幣狂熱所引發的混亂仍持續增加。轉眼間，到了12月。

• • •

2017 年的元旦，投資者慶祝期待已久的榮景：比特幣的價位回歸一千美元。十一個月後，比特幣的價格已經飆破一萬美元大關。一些華爾街精英為這種難以置信的漲幅提出優雅的技術解釋。高盛的計量分析師拿「艾略特波浪理論」（Elliott Wave Theory）來解釋，他們說上漲的波段代表大眾市場心理中常見的「推進波型態」（impulse wave pattern）。金融技術員裴瑞茲（J. C. Parets）指出，這種上漲趨勢反映出斐波那契數列（Fibonacci sequence），那是一種知名的數學式，常見於貝殼、松果、自然界的其他元素。還有些人稱之為投機狂熱，或直言那是泡沫。

12 月的第一週，比特幣漲到了一萬六千美元，部分漲幅來自首爾與東京交易所的大規模交易。在美國，計程車司機與私人教練也跟在避險基金與短線交易員之後進場，把比特幣的價格進一步推高。

這種狂熱也使以太坊和瑞波幣出現驚人的漲勢。12 月，以太幣漲到一千美元，瑞波幣在年初只值半便士，現在售價達三美元。另類幣、屎幣、任何與區塊鏈有關的東西都在飆漲。至於李啟威開發的萊特幣，自從那年夏天在 Coinbase

上交易以來就迅速竄紅，到12月中旬已達三百五十美元（年初僅四美元）。李啟威抓準了時機點，在萊特幣即將接近歷史新高時，出脫手上持有的所有萊特幣，從自己的發明中大賺了兩千萬美元。

隨著價格不斷攀升，12月初阿姆斯壯在部落格上發表了一篇新文，標題是〈請負責地投資〉。他平鋪直述地提醒客戶，加密貨幣的投資有波動性。但市場毫不理會。價格持續攀升。

阿姆斯壯的呼籲不僅無效，也很虛偽。畢竟，Coinbase提供一種服務讓不負責任的投資變得更容易：刷卡買幣。投資狀似「泡沫」的市場雖然魯莽，刷卡做這種投資更是瘋狂。阿姆斯壯可能對他目睹的一切感到擔憂，但他讓顧客刷卡投資並收取4%的手續費倒是收得挺心安的。摩根大通、美國銀行（Bank of America）以及其他信用卡的發卡行不久就提高警覺，並在幾週內禁止客戶刷卡購買加密貨幣──這個跡象充分顯示，很多刷卡買加密貨幣的人有財務問題。

12月的瘋狂引發了其他意想不到的荒謬結果。持續已久的比特幣區塊大小之爭一直沒有解決，也就是說，每個區塊只能裝1MB的交易，而且每十分鐘才會增加一個新區塊。現在，由於比特幣用戶每週新增數百萬人，這個小問題

變成超大的壅塞問題。那就好像本來已經非常擁擠的交通要道（例如紐約市的林肯隧道或洛杉磯的405號州際公路）又暴增五十倍的車流量。這就是比特幣區塊鏈當時的狀況，整個比特幣網絡幾乎陷入停頓。這表示，為了確保一筆交易在合理時間內進入區塊鏈，唯一的方法是付費給那些維護帳本的比特幣礦工。礦工眼看這些客群無計可施，開始獅子大開口，索取高額費用。普通的交易變得極其昂貴。例如12月8日，一個名叫克利斯汀‧弗利曼（Kristian Freeman）的人在推特上沮喪地說，他匯價值二十五美元的比特幣給朋友，手續費竟然高達十六美元。那筆總值四十一美元的交易，有40％是手續費。當然，比特幣用戶可以拒絕那種漫天開價，並討價還價，但那也表示交易要等好幾天才能結清。

• • •

　　矛盾的是，此刻比特幣享有最大的盛況（以前所未有的方式進入主流），卻也突顯出它最大的失敗。中本聰的願景是一種類似網際網路的新貨幣形式，是可以全民參與的，只收取一點費用，幾乎不受限制。然而，2017年12月，比特幣的現實狀況卻是一個功能失調的臃腫網絡，使西聯匯款顯得便宜又有效率。12月在邁阿密舉行的某場重要加密會議

甚至宣布，該會不接受參與者以比特幣繳交參與費，可見比特幣已經變得很不切實際。

12月初比特幣的價格漲破一萬五千美元時，整個比特幣網路已經完全堵死，交易手續費更是天價。但這對需求毫無影響，隨著瘋狂的投機者購買越來越多比特幣，它的價格持續飆漲，每天漲幅高達一千美元。每個人都想蹭這股熱潮，包括那些與加密貨幣無關的公司。一家名為長島冰茶（Long Island Iced Tea Corp.）的不知名飲料公司，把公司名稱更改為長區塊鏈公司（Long Blockchain Corp.）。公司一改名股價馬上飆漲200％，隨後引來證管會的內線交易調查，最後慘遭那斯達克下市。

12月17日，比特幣漲破驚人的兩萬美元大關。現在，一個比特幣的價值相當於一磅黃金。在CNBC新聞台上，超過一半的節目時間都在報導比特幣狂熱，而不是無聊的股票與債券。他們請加密貨幣大師來上節目，那些大師當然是預測比特幣價格會進一步飆漲。

· · ·

似乎全世界有一半的人都加入幣圈了，對許多加入者來說，他們的第一站就是Coinbase。2014年2月，該公司有一

百萬名客戶。現在，近四年後，客戶已暴增至兩千萬人。那年12月幾乎每一天，都有超過十萬人註冊第一個Coinbase錢包。

懷特回憶道，在Coinbase位於市場街的總部裡，Coinbase一天的交易總值突破四十億美元時，員工紛紛擊掌慶祝。他們對每天的營收數字歡呼雀躍，與此同時，Coinbase也成為iPhone app Store中最多人下載的程式。由於不久前蘋果才因Coinbase提供加密貨幣交易而把它趕出app Store，這一刻顯得格外欣慰。現在Coinbase比臉書或推特更熱門了。

Coinbase吸引不少創投業者爭相投資，也賺了很多錢。Coinbase處理數百萬筆比特幣、以太幣、萊特幣的交易，並從每筆交易中抽成，利潤非常高。雖然Coinbase必須花很多錢聘請工程師，但執行每筆交易的實際成本（把數位資訊從客戶的錢包移進移出）幾乎是零。客戶購買一百美元的比特幣時，Coinbase可收取2.99美元的手續費，那幾乎都是純利潤。

從檢察官轉任史丹佛大學加密學教授的霍恩回憶道：「我第一次見到布萊恩時，他說：『我想打造一個價值十億美元的企業。』」她最近剛加入Coinbase的董事會。如

今，阿姆斯壯已經達成那個目標。隨著12月的新客戶激增，Coinbase 2017年的營收將超過十億美元。幾個月前，Coinbase才剛晉升為「獨角獸」（意指估值超過十億美元的新創企業）。Coinbase不只是普通的獨角獸，公司董事貝瑞·舒勒（Barry Schuler）後來透露，Coinbase的估值高達八十億美元，是美國十大最有價值的新創企業之一。就像Uber之於叫車服務、Airbnb之於房屋租賃一樣，Coinbase也成了加密貨幣圈的翹楚。

對於阿姆斯壯來說，這一切都證明了六年前他在Y Combinator抓住那個「公開的祕密」是正確的。他發現，只要有一種簡單交易比特幣的方法，就會有更多人買比特幣。Coinbase的成功證明了他的想法沒錯。現在，他也實現了一個燃燒已久的雄心壯志：那個雄心壯志促使許多遠見卓越的科技人士，在他的家鄉聖荷西及其北方的矽谷開疆闢土。

隨著比特幣的價格達到歷史新高，阿姆斯壯的公司變成一台印鈔機。然而，這台機器已經運轉過熱一段時間了。12月，在大量客戶湧入下，這台印鈔機隨時有可能爆炸，並拖垮整家Coinbase。

• • •

　　Coinbase的第二號員工哈梅爾說：「我們都是優秀的軟體工程師，但沒有人了解基礎架構。」他解釋這家公司是如何以矽谷的方式迅速打造出來，而且是使用任何能幫它迅速增加客戶的工具。這包括新創企業熟悉的工具，例如管理資料的MongoDB與管理app的Heroku。這類工具適合用來擴大新創企業的規模，但不適合用來處理數百萬筆敏感交易。Coinbase是使用西岸的程式設計來做加密版的東岸銀行業務。擴充老舊應用程式的規模是一回事，管理數百萬人的資金又是另一回事了。李啟威說：「這類工程很棘手。MongoDB這種東西拿來做原型設計不錯，但不適合用在大型金融作業上。」

　　打造Coinbase的過程，就好像阿姆斯壯和其他工程師一起打造了一座精心設計的加州海濱別墅，然後在東北風暴期間把它放在緬因州的海岸上。那座房子經不起狂風暴雪的衝擊。房子晃得吱吱作響，最終破裂時，屋主很後悔當初沒有使用更好的建材。

　　這就是2017年12月Coinbase網站的狀況。長期擔任公司律師的蘇亞雷斯回憶道，耶誕節時他飛往匹茲堡探親。飛機落地後，他就收到阿姆斯壯傳來的緊急訊息，要求他立即回公司：「當時我心想：『哦，真要命！』那感覺就像我們獨

自站在懸崖上俯瞰大海，世界上所有狂風都朝我們襲來。」

12 月之前，隨著網站的某些部分開始鬆動瓦解，客戶的交易一直出現延遲。耶誕節前湧入的數百萬名新客戶則是導致網站整個當機，而且一當就是好幾個小時。客戶的訂單最終卡在技術煉獄中等著超生。憤怒的用戶紛紛到 Reddit 與推特上發飆。

接受 Coinbase 存款的銀行夥伴，多多少少也造成了 Coinbase 的技術混亂。Coinbase 最大的歐洲夥伴，是一家名叫 LHV 的愛沙尼亞銀行，它沒有使用 API（應用程式介面，那是電腦相互溝通的標準方式），而是要求 Coinbase 手動上傳以試算表羅列的交易。Coinbase 的工程師寫程式碼，以便自動填寫試算表，卻發現他們一次只能上傳五十筆交易。這就好像用算盤解微積分一樣。

無論問題出在哪裡，不滿的客戶與原本理念就不對盤的敵人把怒火都宣洩在 Coinbase 上，對著 Coinbase 的網站導入一波又一波惡意的流量，使網站持續掛點。

這場技術災難更加突顯出高層的真空狀態。儘管公司的業務量大增四倍以上，管理團隊卻越來越小。厄薩姆於一月離職，導致 Coinbase 失去他早期幫忙培養的軍事化效率。卡森維離職則意味著公司失去首席和事佬。卡森維有一種非

比尋常的特質——尤其是在自我中心盛行的矽谷——幾乎所有與他共事的人都喜歡他。這個特質讓他在發現問題及化解辦公室衝突方面，變得相當難能可貴。11月，交易量開始飆升時，阿姆斯壯只剩兩名長期並肩作戰的高管幫他避免公司崩解：懷特和Coinbase消費部門的總經理丹・羅梅洛（Dan Romero）。Coinbase董事會當然也注意到Coinbase缺乏管理團隊，以及客服問題日益嚴重，因為他們開始收到朋友來信抱怨Coinbase的局面很混亂。

迪克森和其他董事提出他們想要的解決方案。就像Google那兩個古怪的創辦人一度需要所謂的「成人監督」，所以找了資深執行長艾瑞克・施密特（Eric Schmidt）來幫忙那樣，Coinbase的董事會找了阿西夫・赫吉（Asiff Hirji）來救援。赫吉曾是銀行業與電信業的資深高管，後來在創投業巨擘安霍創投中任職。

赫吉在11月投機狂潮期間上任，在12月瘋狂爆量之前，是擔任Coinbase的首任營運長。這就像在一場超級大火中開始投入新工作一樣。他說：「他們應付不了規模暴增，公司在那一年內交易量暴漲了四十倍。我們不知道手頭有多少現金，確切數字可能比估計值多或少兩億美元，這實在太荒謬了。」

　　Coinbase 的財務架構也令赫吉震驚。他已經看過很多公司依賴非傳統交易軟體而崩解的實例，當他第一次審查 Coinbase 的財務狀況，他擔心 Coinbase 也會步上那些公司的後塵。但是在 12 月的交易狂潮中，任何重大的系統修改都必須再緩緩，不然那就像在半空中更換戰鬥機的引擎一樣。當下 Coinbase 所能做的，只有默默祈禱，繼續硬撐。

• • •

　　然而，越來越多顧客失去了耐心，越來越多訂單遭到延遲或消失。當比特幣的價格波動一天上下數千美元時，這簡直令人抓狂。交易卡住的客戶一直無法確定，他們的訂單究竟是以每個比特幣一萬六千美元或一萬九千美元成交，還是根本沒成交。這些怒火也催生了陰謀論：有些人認為 Coinbase 宣稱有技術問題只不過是障眼法，實際上 Coinbase 就是偷了他們的錢。他們發誓要為這個憑空想像出來的罪行復仇。麥格拉思回憶道：「當時有人說：『我們要殺到你們的辦公室，炸了它，開槍射死所有人。』」

　　長期擔任 Coinbase 產品經理的謝琳達（Linda Xie）回憶道，Reddit 上有憎恨 Coinbase 的狂熱者刻意發布 Coinbase 的員工與辦公室的照片。她一想到這件事就不寒而慄。他們

的憤怒不僅在網路上爆發,也在舊金山的大街上爆發。不久,她在城裡參加加密貨幣圈聚會時,就不再透露自己的身分了,因為她已經受夠了那些憎恨Coinbase的陌生人前來搭話。那簡直是職業傷害。

謝琳達說:「我很訝異這一切對領導團隊的影響竟然那麼大。這讓我意識到大家其實還是充滿人性,他們會閱讀Reddit上的所有評論,很在乎那些評語,也為那些批評感到難過。當時外界覺得Coinbase是個黑洞,沒有人在聽他們怎麼說。」

此外,Coinbase的拙劣客服方式也毫無助益。從公司創立之初,Coinbase就不擅長處理投訴。他們面對投訴的第一種方式,是由卡森維寫一支自動化程式,由一個虛構的人「羅傑」來回覆數千封電郵。多年後,當阿姆斯壯終於意識到公司需要一名客服主管,他沒有找剛拿到MBA學位的人或零售業的資深人士,而是上Reddit徵才,使用一個線上測試來招募人選。

套用麥格拉思的說法,那個新來的客服主管是「一個內向的好好先生」,那實在不太適合做客服。客服團隊新來的成員都是因為喜歡比特幣才加入公司——當然,這對於線上加密貨幣公司來說是合適的特質,但是這種特質不見得能安

撫大量憤怒的客戶。

　　一般來說，公司陷入這種危機時，矽谷的新創企業通常會向既熟悉科技領域也了解危機溝通的公關公司求助，請他們幫忙解決問題，或至少別讓問題再擴大。然而阿姆斯壯覺得，搞媒體公關是浪費時間與精力，他比較想把焦點放在工程問題上。但是在2017年，隨著媒體追問得越來越迫切，他授權Coinbase的工程師大衛・法默（David Farmer）去面對媒體。法默對大眾傳播一竅不通，他討厭這項工作。當大批記者發電郵來問為什麼Coinbase看似要崩解，他只能硬著頭皮面對。

　　12月19日，Coinbase開始讓客戶買賣比特幣現金（區塊更大的比特幣衍生物）。這個新業務幾乎一上線就失控，價格意外地飆漲，部分原因在於系統湧入大量「買單」。後來發現，原來這是因為許多顧客的買單沒有限定價格，只要系統開賣就買進。比特幣現金的買賣功能才上線四個小時，Coinbase就不得不暫停交易以清理混亂的局面——這一停又激怒了更多客戶。有些人注意到，Coinbase宣布交易比特幣現金之前的幾小時，比特幣現金的價格出現不尋常的飆漲。動不動就聯想到陰謀論的狂熱分子很容易就覺得其中必有詐。至少，那個價格突然暴漲的現象看起來很

可疑。這件事在社群媒體上掀起更多不滿,例如推特上有一則推文寫道:

> 「我不管你怎麼解讀,這就是內線交易!某個擁有大量比特幣的人知道 Coinbase 會把比特幣現金加入交易所,所以他趁機海撈了一筆。不管你是誰,你讓加密貨幣看起來像華爾街,你真是不要臉。」

為了回應網路上的不滿,阿姆斯壯宣布,Coinbase 的政策是絕不容忍任何人利用內線消息進行交易,並宣布啟動內部調查。結果 Coinbase 並未發現任何不法行為的證據。然而在幕後,Coinbase 的高管們悄悄刪除了 Slack 上一個名為「交易策略」(Trading Strategies)的頻道。Coinbase 是使用 Slack 作為內部通訊系統,員工會在那個頻道上交流一些靠加密貨幣交易獲利的技巧。

2018 年,憤怒的股東針對「比特幣現金事件」發起集體訴訟。次年,聯邦法院宣布 Coinbase 應該因怠忽職守而受審。

• • •

12 月 31 日,就在比特幣的價格漲到兩萬美元的兩週

後，所有加密貨幣都暴跌了。比特幣價格從歷史高點下跌了
35％，多數人預計還會持續大幅度修正。交易量縮減緩和了
手續費太高的問題，但交易依然又慢又貴。Coinbase 依然深
陷在技術問題與客戶憤怒的泥沼中。

　　在舊金山某個陰天即將結束之際，阿姆斯壯做了新嘗
試，以化解衝擊 Coinbase 的危機。他去了一個熟悉的地方，
一個讓他感覺自在的地方：Reddit。他發了一篇文，開頭寫
道：「我是 Coinbase 的執行長，我們的客服正忙著處理堆積
如山的問題……我們一定會派人回應你們的問題，只是需要
一些時間。你們的加密貨幣並未『遺失』，很抱歉交易延遲
了，這絕對不是我們想為客戶提供的體驗。」

PART
3
從加密貨幣的嚴冬
到加密貨幣的未來
From Crypto Winter
to Crypto Future

13 宿醉
Hangover

「電話聲吵醒了彼得‧法洛（Peter Fallow），他躺在一個
雞蛋裡，蛋殼剝掉了，只剩下蛋膜包著蛋，使整顆蛋完
好無損。啊！那個蛋膜原來是他的頭，他是以頭的右側
靠在枕頭上，蛋黃像水銀一樣重，像水銀一樣流動，壓
在他的右太陽穴、右眼、右耳上。如果他試著起身接電
話，那個蛋黃——那個水銀，那個有毒物質——就會移
動，進而弄破蛋膜，他的大腦會因此掉出來。」

——湯姆‧沃夫（Tom Wolfe），

《虛榮的篝火》（*The Bonfire of the Vanities*）

一般認為，沃夫這段敘述是小說中最活靈活現的宿醉描
寫，其實這也很適合拿來比喻2018年初的加密貨幣產業。
隨著比特幣價格腰斬，整個加密貨幣市場處於自由落體狀
態。2月，比特幣跌破一萬美元，另類幣的狀況更糟。但是

有幾個月，大型投資者可以假裝泡沫還沒破，他們可以像沃夫小說中的那個宿醉者那樣，祈禱泡沫不破，也祈禱所有的錢不會蒸發。

對散戶來說，幻想這種錯覺就比較難了。多數散戶是後期才加入幣圈，他們刷卡一萬五千美元或一萬八千美元購買比特幣，或拿存款去投資屎幣的ICO。他們只能絕望地看著那些加密貨幣的價格持續暴跌。到了4月份，比特幣跌破七千美元，並持續下跌。許多只靠白皮書與崇高理念支撐的加密貨幣暴跌了90％甚至更多，再也回不到以前的價位。購買Emercoin或 XEM等奇怪代幣的買家，命運就跟十七世紀購買荷蘭鬱金香期貨、或十八世紀購買南海公司（South Sea Company）股票的買家一樣。加密貨幣的買家就像古代那些不幸的歐洲人，是當代投機泡沫的受害者，前者甚至沒有一文不值的鮮花可以展示，他們的現金全換成了數位灰塵。

2017年，媒體報導許多靠加密貨幣熱潮一夕致富的一般散戶。現在，媒體報導的都是悲劇。《紐約時報》報導一名英國人把兩萬三千美元的積蓄拿去投資另類幣，現在只剩下四千美元。Reddit上的一則故事更慘烈，一名用戶在論壇上告訴大家，他拿所有積蓄投資波場（Tron）後，妻子就離開他了。波場是一種曾經大幅炒作的替代幣，最高一度漲到

二十三美分，但現在只值一美分。Reddit的讀者互相安慰，說市場會反彈的，不過也有人是分享預防自殺熱線。亞洲曾是加密貨幣狂熱的發源地，這裡的悲劇特別普遍。一則廣為流傳的新聞報導指出，韓國釜山市有一位母親描述她二十歲的兒子在交易加密貨幣幾個月後自殺了。

儘管業餘買家與小散戶驚魂未定，其他投資者迎接2018年的樣子，就好像2017年的派對仍如火如荼地展開一樣。矽谷的知名投資者彼得‧提爾（Peter Thiel）透露，他的創始人基金（Founder's Fund）持有價值兩千萬美元的比特幣部位。一些創投業者披露他們在那股熱潮的顛峰所做的交易，例如億萬富豪提姆‧德雷珀（Tim Draper）的基金投資了製造加密貨幣儲存裝置的Ledger公司七千五百萬美元。ICO並沒有完全褪流行，即時通訊程式Telegram宣布，它將藉由出售代幣募集五億美元。總部位於紐約州北部的柯達公司曾是風光一時的相機製造商，其執行長宣布了一項半吊子的加密貨幣計畫，彷彿想把死馬當活馬醫似的。他說公司會支持柯達幣（KodakCoin），這個計畫是用來管理區塊鏈上的照片。

泡沫破裂後，加密貨幣的狂熱現象仍持續了很久。在加密貨幣業的年度秀展Consensus上，一些人刻意把藍博基尼

跑車停在曼哈頓第六大道的醒目位置,為活動拉開序幕。在
會場內,各種不知名的公司把通道擠得水洩不通,他們希望
趁此機會吸引幾個月前還到處流動的「笨錢」。與此同時,
一千六百英里外(約2575公里),一群二十幾歲的有錢人飛
抵波多黎各。他們抵達時,島上居民正努力重建遭颶風瑪麗
亞(Hurricane Maria)重創的家園,反觀這些年輕的百萬富翁
(其中有些是億萬富豪)則有另一項優先要務:打造波多樂
園(Puertopia)。那是一種新型城市,裡面的人只用加密貨幣
支付,法律寫在區塊鏈上。對這些新來的人來說,波多樂園
就像天堂。對其他人來說,這代表「幣圈哥兒們在尋找避稅
天堂」。不到兩年後,由於支持該計畫的當地政府官員腐敗,
黯然下台,那個計畫胎死腹中。

　　儘管加密貨幣的經濟基礎在2018年初崩潰了,它仍持
續受到媒體與流行文化的關注。例如《金融時報》的〈與FT
共進午餐〉專欄(Lunch with the FT)訪問了布特林(該專欄的
典型主題包括亞馬遜的創辦人傑夫‧貝佐斯、德國總理安格
拉‧梅克爾、影星安潔莉娜‧裘莉等人)。在那篇專訪中,
這名以太坊創辦人提到他最近與俄羅斯總統普丁見過面,他
們談到加密貨幣,也對許多ICO瀰漫的貪婪現象感到遺憾。
布特林感嘆:「有些專案始終缺乏靈魂,它們彷彿只會嚷嚷:

『啦啦啦，價格上漲了，蘭博基尼，轟隆隆，現在就買買買！』隨著以太坊的聲名日益響亮，他的古怪也變得益發顯著。

到了2018年的春天，好萊塢編劇也抓住了加密貨幣退燒的現象。在影集《金融戰爭》（*Billions*）中，主角鮑比·阿瑟羅（Bobby Axelrod）參考的原型據說是避險基金的億萬富豪史蒂夫·科恩（Steve Cohen）。阿瑟羅在劇中投資加密貨幣，以破解證管會的交易限制，他說：「一百萬美元的加密貨幣，存在裡面。」同時遞給下屬一個隨身碟。

幾天後，HBO的科技惡搞劇《矽谷群瞎傳》（*Silicon Valley*）也推出一集以加密貨幣為主題的劇情。這集是描述主角伯特倫·吉爾佛（Bertram Gilfoyle）一頭栽進一項ICO計畫，以開採及分發以其公司命名的代幣「魔笛幣」（Pied Piper Coin）。魔笛幣後來變成密碼界的傳說，但還不算是2018年最著名的虛構加密貨幣。「魔笛幣」那一集播出幾天後，幣圈傳出另一種新幣ICO的消息：豪威幣（HoweyCoin）。那個新幣的網站宣稱它提供一種新型的加密貨幣，可用於旅行，也可以作為投資買賣。而且就像其他ICO那樣，豪威幣的網站也提供早鳥優惠，提早購買的投資者可享購入折扣。

不過後來大家發現，豪威幣其實是證管會推出的精明活動，目的是呼籲大家注意ICO的風險。「豪威」（Howey）這個

名稱暗指最高法院一個有關證券銷售的案子[1]。任何容易上當受騙的人試圖購買豪威幣時，都會被導向證管會的一個網頁，頁面會提醒投資人不要接觸不可靠的投資。

聯邦監管機構不是天天對整個產業做這種嘲諷，所以豪威幣事件為證管會贏得了大量宣傳。那個豪威幣網站甚至放上了一位知名拳擊手的代言推薦，顯然是嘲諷知名拳手梅偉瑟前一年宣稱他要透過ICO「海撈一票」的狂言。

沒想到證管會也挺幽默的，但這不表示證管會開始對加密貨幣業開刀有什麼有趣之處。證管會就像一隻原本沉睡的灰熊，加密貨幣產業一再挑戰它的底線，一直對牠戳來戳去，現在牠終於醒來，準備祭出懲罰了。

2018年1月，證管會主席傑伊・克萊頓（Jay Clayton）在一場證券律師的年會上演講，演講內容讓加密貨幣產業的許多人聽了不寒而慄。克萊頓表示，某些參與ICO的律師行為「堪慮」，並指責他們助長唯利是圖的發行者。他批評道：「在有些ICO中，律師協助發行者把產品弄得很像證券，讓它具有證券的許多關鍵特徵，稱之為ICO，那聽起來很像IPO。然而那些律師卻聲稱那些產品不是證券，所以發行者也沒有

1　譯者註：豪威測試（Howey Test）是1946年最高法院為了裁決一個案件而制定的，這個測試為美國金融證券產品提供了基本定義。

遵守證券法。」

　換句話說：你們應該建議客戶不要銷售那些垃圾，你們不該幫他們卸責。

　2017年7月證管會就公告了這個訊息，並提醒業者，名叫DAO的ICO專案就是發行未經許可的證券。但是幣圈幾乎沒有人知道或在乎證管會的突發公告。7月那次警告發出不久後，一位名叫馬可‧桑托里（Marco Santori）的聰明律師公布一份名為SAFT（「未來代幣簡單協議」）的檔案。SAFT是模仿大家熟悉的新創企業投資合約SAFE（「未來股權簡單協議」）。這個SAFT版本承諾一種發行ICO的安全合法途徑。拜SAFT所賜，這股發行ICO的熱潮似乎可以延續下去。

　桑托里由於積極為加密貨幣產業提供法律上的保護機制，所以在矽谷知名的科律律師事務所（Cooley）獲得薪資相當優渥的職位。這家律師事務所長久以來一直為科技業提供創新的服務，例如在網路狂潮期間，科律是率先接受新創企業以股權、而不是現金來支付律師聘請費的律師事務所之一。所以，桑托里和他設計的神奇SAFT協議，似乎跟科律律師事務所完美地契合。不過，這一切在證管會主席發表那場決定性的演講，要求律師不要協助出售未經許

可的證券後，全變了調。那場演講後不久，桑托里在科律的工作便戛然而止。

與此同時，ICO的聲譽進一步惡化。《華爾街日報》的調查記者仔細研究了一千四百多個ICO專案的檔案，發現一些糟糕的現象：其中兩百七十一個ICO很危險，例如白皮書是抄襲其他的案子、經營團隊的資料是假的（高管的照片是從圖庫網站竊取的）。之前已經有很多人警告ICO經濟中充斥著騙局，但現在出現越來越多證據。

《華爾街日報》那篇報導出現時，舊金山與紐約仍有很多人沉浸在晚春的美好中。但是在幣圈，他們把這段期間稱為「加密貨幣嚴冬」。這個詞出自沮喪的投資者，並在社群媒體上引起迴響。隨著加密貨幣的價格持續下探，這場嚴冬顯然還會持續一段時間，才會看到春天到來。

• • •

2018年初，加密貨幣的投資激增（例如提爾投入兩千萬美元），讓有些人相信泡沫尚未破裂。但5月時可以明顯看出，美好時光已經結束了。投資金額較少的散戶最先感受到慘賠的痛苦，接著換大型投資客。例如，日本軟銀集團（SoftBank）創辦人孫正義也曾在比特幣市場的顛峰買入比

特幣，但幾個月後出售持有部位時，慘賠高達一億三千萬美
元。高盛對科技的厭惡曾導致厄薩姆失望地辭職，但後來似
乎終於肯定了比特幣。經過連串的消息走漏，把媒體吊足了
胃口後，高盛後來宣布，它正在打造一個加密貨幣的交易部
門，而且彷彿是為了強調這個策略多麼前衛似的，高盛還任
命一個看起來自鳴得意、綁著髮髻的三十八歲男子來擔任這
個交易部門的主管。不過這個策略很短命。僅僅幾個月後，
高盛就悄然結束了這個計畫。

　　加密貨幣的主流時代已經過去，來試水溫的人也抽腿
了。傳統金融圈的知名人物則是再次表態他們看壞加密貨
幣。五月，巴菲特彷彿為了重申其理念似的，對投資者解
釋，比特幣「（的毒性）很可能是老鼠藥的好幾倍」。他的長
年夥伴查理·蒙格（Charlie Munger）則是把加密貨幣交易比
喻成「癡呆症」。兩年後，某加密貨幣公司的執行長競標取
得參與巴菲特年度慈善午餐會的資格，隨後卻因為報導指
出他遭到中國政府調查而取消午餐約定[2]。這無疑令巴菲特

2　譯註：這是指加密貨幣Tron的創辦人孫宇晨，2019年他以健康因素為由取消餐
　　會，但2020年1月23日他確實在美國的奧馬哈與巴菲特共進晚餐了，同場者還
　　包括萊特幣的創辦人李啟威、eToro的創辦人約尼·阿西亞（Yoni Assia）、幣安
　　慈善基金會（Binance Charity Foundation）的負責人海宇（Helen Ha），以及火
　　幣網（Huobi）的財務長李書沛（Chris Lee）。

更堅信自己的看法。

　　加密貨幣嚴冬的影響也擴散到一些出乎意料的地方。在德州羅克代爾（Rockdale）的廣闊平原上，小鎮官員展現南方熱情，以爭取加密採礦巨擘比特大陸公司（Bitmain）到當地設廠。比特大陸若是到來，可望為當地帶來數百個高薪的工作，正好可以彌補美鋁公司（Alcoa）關閉當地一家燃煤廠所帶來的衝擊。為了達成協議，羅克代爾鎮的官員為該公司制定了一項十年的減稅計畫，還以啤酒與德州燒烤設宴款待比特大陸的高管。

　　地方法官以濃濃的德州腔，對這群即將成為該鎮救世主的加密貨幣公司高管說：「我們會為你們供水供電。」但隨著加密貨幣的價格持續下跌，比特大陸覺得這個採礦專案不會成功，德州人的希望也跟著落空。

　　2018年接近尾聲時，連「聰明錢」（亦即機構投資人）也開始慘賠。幾個月前仍笑傲金融圈的避險基金開始關門大吉。到了年底，有三十幾家加密基金永久關閉。最著名的加密基金之一是億萬富豪邁克・諾沃格拉茲（Mike Novogratz）創立的銀河數位基金（Galaxy Digital），當年公布的虧損高達2.72億美元。即使是在幣圈的許多面向都享有先知地位的卡森維，內心的不安也與日俱增。《華爾街日報》刊出一篇對他

不太有利的報導，把他寫成一個吊兒啷噹的怪人，說他創立的多鏈資本基金深陷虧損與法律糾紛。那篇報導刊登了一張卡森維的照片，照片中他站在書架前露出叛逆的眼神，書架上有兩本《無盡的玩笑》(*Infinite Jest*)。

• • •

在市場街的Coinbase總部，阿姆斯壯和他的公司也經歷了加密貨幣嚴冬。2018年12月，比特幣的價格暴跌85％，只剩三千美元。這對Coinbase的收入造成了沉重的打擊。儘管Coinbase一直努力尋找新的收入來源，但它主要的收入還是來自交易佣金。相較於以前兩萬美元抽3％佣金，現在三千美元抽3％顯然大不如前。何況他們收取的佣金也減少了：客戶流量比去年12月的盛況縮減了80％。

除了加密貨幣的價格暴跌，Coinbase面臨的問題也層出不窮。它在泡沫時期採取「且戰且走」、「按兵不動」等作法，造成了法律上的混亂。比特幣現金的客戶針對12月的系統問題提出訴訟。國稅局仍在翻查Coinbase的客戶檔案。最糟的是，憤怒的客戶向證管會提交了一百多件投訴，指控Coinbase亂搞他們的資金。Coinbase一直與其聘僱的達維律師事務所（Davis Polk）保持聯繫，這家頂級律師事務所的

合夥人每小時收費兩千美元。惹惱客戶及政府的成本變得極其昂貴。

儘管如此，Coinbase還是有理由保持樂觀。拜價值三億美元的E輪融資所賜，公司的財務狀況良好，也獲得了避險基金老虎全球管理公司（Tiger Global）支持。Coinbase在加密貨幣市場蓬勃時期已累積不少資金，這些融資挹注讓公司更無後顧無憂。相較於Uber、WeWork等每季虧損數十億美元的知名新創企業，Coinbase好歹還有盈餘。此外，Coinbase也沒有那種導致其他新創企業崩解的「超級兄弟」文化（例如WeWork，該公司的IPO計畫因報導指出執行長喜歡喝龍舌蘭酒及呼大麻而告吹）。

更重要的是，加密貨幣嚴冬為Coinbase提供了迫切需要的喘息機會。如果說2017年是一場非常成功的派對，那麼2018年則是清理所有碎玻璃及更換毀損家具的好時機。Coinbase剛好可以趁這段低迷時期修補程式，解決長期存在的客服問題。阿姆斯壯表示：「和平時期與戰爭時期的運作方式不同。」他依然樂觀。有些人覺得這次崩盤是世界末日，但他覺得2018年看起來很像2015年的崩盤，當時許多人認為加密貨幣產業已經玩完了。他會繼續前進，並把握這波低迷期來改造公司，以迎接下一波牛市。

　　這次改造包括把部分控制權讓給營運長赫吉。赫吉是在
Coinbase的董事會要求公司要有「成人監督」下，於11月
加入Coinbase的，加入公司不久就披掛上陣了。他覺得，
2017年12月Coinbase差點就徹底崩解，原因出在三個關鍵
風險：保險覆蓋不足；會計系統混亂，讓人無法判斷這家公
司究竟是賺兩億美元、還是賠兩億美元；交易系統是臨時拼
湊而成，隨時可能崩潰。

　　前兩個風險可以輕易解決。赫吉的「成人監督」任務之
一，就是為Coinbase找來財務長艾蕾莎‧哈斯（Alesia Haas）。
哈斯一來就解決了保險與會計方面的混亂。但是要搞定那套
湊合的系統就沒那麼簡單了。

　　早年Coinbase還沒有自己的交易所，必須到公開市場
上取得比特幣的時候，厄薩姆導入了這套湊合的系統。這套
系統是使用公司自己開發的演算法，來判斷買賣加密貨幣的
最佳時機。這不僅為Coinbase提供了日常營運所需的現金
流動性，也提供套利的機會（從不同銀行與交易所之間的微
小價差獲利）。

　　對草創時期就加入Coinbase的元老級員工來說，這套
系統令他們自豪。對赫吉來說，那卻是恐懼的根源。他回憶
道：「12月時，那套系統開始搞怪，差點拖垮公司。這種慘

劇我見多了。交易公司使用這種自己拼湊的系統,公司崩垮是遲早的事。演算法有一些錯誤設定,沒人知道買賣了什麼。我只好啟動消滅這套系統的計畫。」

赫吉成功了,不久那套系統就壽終正寢,Coinbase 開始使用代理交易模式。也就是說,只有市場上出現交易對象時,才接受交易。赫吉覺得,他讓 Coinbase 擺脫之前的交易模式(依賴一個隨時可能爆炸的黑盒子),是拯救了公司。

Coinbase 的領導層越來越像一家典型的公司,多年來管理團隊一直是阿姆斯壯與厄薩姆這對搭檔,以及「衝破銅牆鐵壁」那套理念,如今加入了一些經驗豐富的外部人士。赫吉從 LinkedIn 挖角資深員工艾米麗·崔(Emilie Choi),任命她為業務發展副總裁,負責收購許多規模較小的加密貨幣公司。他任命瑞秋·霍洛維茲(Rachael Horowitz)擔任公關副總裁。霍洛維茲在臉書與推特處理危機多年,對任何風暴已經完全免疫,在她加入後,原本討厭公關卻被阿姆斯壯逼著面對媒體的經濟學家法默,終於不需要再硬著頭皮接記者的電話了。Coinbase 彷彿想向媒體強調自己改頭換面似的,還雇用了言詞犀利的澳洲人艾略特·薩瑟斯(Elliott Suthers)擔任發言人。薩瑟斯曾經指導共和黨的副總統候選人莎拉·裴琳(Sarah Palin)如何參與副總統候選人的辯論,

因此奠定其公關地位。

　　阿姆斯壯不再需要把大大小小的事情都抓在手上。他終於有時間從事個人活動了。他去上了飛行課，跟女星約會。長久以來，他一直很喜歡利用比特幣在世界各地宣傳金融自主權，如今他仍致力投入這項嗜好，並成立一個慈善基金：施予加密基金（Give Crypto）。研究指出，減少貧困的最好方法是捐錢給窮人，阿姆斯壯很認同這個論點。他宣布，施予加密基因將為這個理念募集十億美元。

　　赫吉為 Coinbase 建立領導團隊、阿姆斯壯培養救世的崇高抱負之際，幣圈仍陷在宿醉中，加密貨幣嚴冬毫無結束的跡象。不過，Coinbase 安然無恙地守在自己的金融堡壘中，耐心等待春天到來。直到差點為時已晚，Coinbase 才意識到如此靜待春天是可怕的錯誤。

14 | 慘敗

"Getting Our Asses Kicked"

「成就一多，就不再那麼飢渴，不再那麼有紀律，不再那麼戒慎恐懼。」2019年卡森維在曼哈頓的一家餐廳裡一邊啜飲著茶，一邊這麼說。

距離他第一天穿著優衣庫襯衫去Coinbase上班，已經好幾年過去了。現在他看起來不再像少年那般青澀，但眼裡依然閃爍著同樣強烈的熱情，跟以前一樣愛談清醒夢。如今他三十出頭，擔負著一項出乎意料的任務：透過他創立的多鏈資本公司，為安霍創投公司與其他頂級的創投業者管理資金。他仍然非常關心Coinbase，與阿姆斯壯是親近的好友，但是對於老東家後來的發展感到擔憂。

「Coinbase過得太安逸了。」他補充道，「他們開董事會時只會問：『我們怎麼花這些錢才能避稅？』」卡森維覺得Coinbase早該探索幣圈的新領域，而不是精進它在企業金融面的事業。

• • •

　　事實證明，2017年的巨額現金挹注確實令他們自滿。Coinbase進入加密貨幣嚴冬時，覺得它只要靜候下一波牛市，同時花時間收購規模較小的公司，修補破舊的基礎架構就好了。這種應對策略雖然可以理解，卻很糟糕。Coinbase坐等市場好轉時，卻沒有想到，即使市場低迷，幣圈仍經歷了快速的變化。這些變化可能導致Coinbase因落伍過時而遭到市場淘汰。Coinbase就像一位駕駛在維修保養他的別克老車，但隔壁車庫的競爭對手正在打造保時捷新車。

　　阿姆斯壯的新對手是趙長鵬，人稱CZ（Changpeng Zhao的英文縮寫）。CZ戴著無框眼鏡，留著小平頭，公開場合常穿著黑色連帽衫，胸前以黃色字母印著他的公司名稱：BINANCE（幣安）。他從2017年亮相以來，就逐漸成為繼中本聰和布特林之後，加密貨幣史上最具顛覆性的人物。

　　CZ出生於中國江蘇省，十二歲時與家人一起移民到溫哥華，展開新生活。舉家移民是不得不的選擇，因為他擔任教授的父親在中國過於直言不諱，得罪了中國當局。這個直言不諱的特質，多年後也顯現在兒子的身上。CZ十幾歲的

時候，曾在加拿大的麥當勞炸薯條，也曾在加油站上夜班，幫忙貼補家用。與此同時，他還自己培養了金融與電腦方面的能力。

CZ因擅長程式設計，進入麥吉爾大學（McGill University）讀資工系，後來也到世界各地的金融中心工作。他與幣圈的其他名人一樣，展開周遊四海的生活，先是為東京證交所開發軟體，後來又到紐約為彭博社工作，之後又轉戰北京，開發高頻交易工具。

2013年，當年三十六歲的CZ才發現比特幣，而且一發現就迷上了。這股熱情把他帶到了倫敦，並在里夫斯創立的加密錢包公司Blockchain.com待了一段時間。里夫斯就是本來要和阿姆斯壯共同創立Coinbase，但在加入創業學校的前夕突然鬧翻的那個人。CZ的出現有點因果報應的味道，因為里夫斯的公司為CZ開啟了加密貨幣的職涯，日後CZ成了阿姆斯壯最大的勁敵。

CZ在Blockchain.com公司與另外一家加密貨幣公司OKCoin蓬勃發展，但他真正想做的，是在這個產業裡留下自己的印記。他一直在等待時機，2017年他終於決定出擊了。他在ICO狂熱達到顛峰之際發行自己的代幣，為自己新創的公司募集了一千五百萬美元。他把他創立的加密貨幣

交易所命名為「幣安」。

幣安不是普通的加密貨幣交易所。CZ在商業模式中加入了巧妙的變化，鼓勵客戶使用幣安幣（亦即他在ICO出售的代幣）以獲得交易佣金的折扣。這表示，如果客戶在幣安交易所用比特幣支付交易費，佣金可能是十美元，但以幣安幣支付交易費的話只需要五美元。幣安幣顯然與許多新的加密貨幣不同，它是真的實用。

持有幣安幣，有點像持有洲際交易所集團（ICE）的股票。ICE是紐約證交所的母公司。持股是一種投資，股價漲跌取決於交易所的績效表現。但是持有幣安幣的人也可以拿它購買在幣安交易所交易的加密貨幣。

為了進一步增加幣安幣的價值，CZ還安排交易所每季銷毀一定數量的幣安幣。這樣可以減少幣安幣的總供應量，從而推高幣安幣的價格——這相當於傳統金融市場中的股票回購。

CZ靠這些巧妙的設計來維持客戶對幣安交易所的忠誠度，同時創造出一種有價值的新貨幣。幣安幣發行才幾個月，總市值就超過十億美元。2019年，幣安幣成為價值第六大的加密貨幣。CZ也加入了阿姆斯壯與溫克勒佛斯雙胞胎的行列，晉升為加密億萬富豪。

締造這番成就的一大原因，是CZ採取了另一個巧妙的策略：他決定讓幣安避開以傳統貨幣（美元、歐元、日元）買賣加密貨幣的交易，只提供加密貨幣對加密貨幣的交易。這表示客戶可以用比特幣換以太幣，或用以太幣換萊特幣，或用萊特幣換其他數十種加密貨幣。

對CZ來說，這種加密貨幣之間的兌換交易有一種明顯的優勢：幣安不需要觸及傳統的銀行系統，傳統的銀行系統充滿了法規的地雷。CZ還採取另一種策略，以避免與美國財政部及歐美眾多的其他機構發生糾紛：他把幣安的總部設在小島國，那些國家的政府渴望做生意，不太在乎美國的銀行法規。CZ笑著說：「在美國這種地方，營運策略需要大量律師與遊說者。我比較喜歡馬爾他這種地方，我可以直接打電話給總理，和他交談。」

CZ的精明策略為幣安帶來了大量獲利，這家新的交易所也大受顧客青睞。然而，這些客戶仍需要一種把法定貨幣（所謂的「法幣」）轉換成加密貨幣的方法。許多人為此轉向了Coinbase，但Coinbase只支持四種加密貨幣，而且手續費比幣安高，所以許多交易員買了加密貨幣後，馬上把加密貨幣移到CZ的交易所。於是幣圈開始流傳一句話：「Coinbase只是前往幣安的跳板。」這句話的意思是，長久

以來Coinbase一直是幣圈的紅牌，如今卻淪落為入口保鏢。當顧客湧入一家豪華夜店、點各式各樣的雞尾酒時，它只在門口收取入場費。

對於只買一點比特幣或以太幣的一般投資客來說，Coinbase依然符合他們的需求。但是對狂熱的交易員與加密貨幣的死忠熱愛者來說，幣安幣和數十種奇特加密貨幣的誘惑實在難以抗拒。幣安顯然是幣圈的未來。Coinbase的律師兼政治調解人倫普雷斯回憶道：「幣安把我們打得落花流水，我們卻束手無策。」

當阿姆斯壯和Coinbase整頓內部、等待市場復甦時，幣安只花了不到一年，就超越了Coinbase和其他成立已久的交易所，變成全球最熱門的加密服務。

• • •

倫普雷斯推動一項計畫，目的是讓Coinbase拆分成兩個法律實體：一個在美國等監管嚴格的地方營運，另一個在百慕達等監管寬鬆的地方營運並提供數十種加密貨幣。但這個計畫後來無疾而終，2018年，Coinbase依然只交易四種加密貨幣。長期擔任工程師的哈梅爾回憶道，公司一度計畫加入狗狗幣（Dogecoin），那是一種以柴犬迷因為基礎的新

奇貨幣，迷因的主角是一隻會以蹩腳英語講一些蠢話的可愛柴犬。狗狗幣有一群狂熱的粉絲，早年要把狗狗幣加入交易所很容易，但隨著 Coinbase 的企業架構變得越來越官僚，這個計畫一直停滯不前。哈梅爾回憶道：「我們本來打算要做的，但大夥兒開了一堆會議後，有人說看不出這樣做的投資報酬在哪。他們根本不懂，做這個東西就算不賺錢也不要緊，重點是客戶想要交易更多資產，偏偏 Coinbase 不增添其他的資產選項。」

這家新創企業以前是以「衝破銅牆鐵壁」自豪，如今的運作比較像一家古板的中年企業。

與此同時，幣安則不斷推出創新產品。它推出一種名為 Launchpad 的行銷服務，邀請新的加密貨幣專案來購買幣安幣，以換取在幣安交易所內的宣傳曝光機會。另一個舉動更凸顯出 CZ 的野心：幣安制定了挑戰以太坊的計畫。在託管其他加密貨幣方面，布特林的智慧合約平台依然是業界翹楚，連幣安幣也是在以太坊上發行的，但 CZ 認為以太坊的運作太慢了，他覺得幣安自己打造區塊鏈的時機已經到了。

Coinbase 還在為要不要加入狗狗幣猶豫不決時，CZ 正在規劃改造下一個加密貨幣時代的計畫。他的壯舉使他成為業界的偶像。幣圈專業刊物《Coindesk》刊出一篇大讚

CZ的報導，內容毫無一絲諷刺的意味，標題是〈幣安的無與倫比〉。

CZ真的那麼無與倫比嗎？可能吧。但有些人認為，幣安之所以能夠迅速崛起，至少有部分要歸因於Coinbase及其投資者過於妄自尊大。一個在亞洲市場工作過的加密貨幣創業者表示，Coinbase之所以沒有預見幣安崛起，是因為他們跩到目中無人。這名創業家說：「大家覺得加密貨幣是下一個趨勢，所以覺得矽谷會主導一切。也因此你在這裡會看到傲慢與偏見，看到大家偏袒一個在西方市場崛起的公司。」

那一群靠臉書與優步大賺一筆的投資者，覺得Coinbase也會是一個殺手級的壟斷事業。但這名企業家說：錯了！加密貨幣世界的贏家是幣安那樣的公司，他們的執行長都經過亞洲市場真槍實彈的歷練。「Coinbase的DNA裡沒有亞洲。」他說，「我看到一種文化差異，那是Coinbase無法彌合的。」

不過，也不是人人都看好幣安，文斯・卡薩雷斯（Wences Casares）就是一例。卡薩雷斯來自阿根廷，是比特幣早期的遠見家，現在是加密貨幣儲存服務公司Xapo的執行長。他認為幣安只是一個靠迴避法規迅速崛起的加密貨幣牛仔。他預測CZ將面臨類似Mt. Gox或Poloniex那樣的殞落，這兩家交易所都曾在業界呼風喚雨，但後來因為醜聞

與監管問題而倒下。

赫吉身為Coinbase的營運長，負責與幣安對抗，他也認為幣安那種經營方式無法長存。他懷疑，幣安迅速崛起大多是靠不太正派的營運手法，例如虛售（wash trading）。虛售是一種常見的伎倆，這是指公司或交易所同時是一筆交易的買方與賣方，目的是營造出交易很多的假象。「你負責處理別人的錢時，『快速行動，打破陳規』」是行不通的。你需要快速行動，但必須穩扎穩打。我覺得接下來會發生的是，那傢伙會去坐牢——他是個騙子。」

CZ究竟是天才，還是騙子，大家可能意見不一。但是在2018年的年中，大家都認同一件事：幣安確實把Coinbase打得落花流水。到了4月，阿姆斯壯與董事會終於決定採取行動。Coinbase需要有人來帶頭破解籠罩著公司的官僚作風。阿姆斯壯認為，那個人需要像將軍一樣統帥大家。結果，來了一個比較像流氓的特種部隊戰士。

15 | 權力鬥爭
Power Struggle

　　斯里尼瓦桑把一塊巧克力餅乾弄碎，放進碗裡，再從包裝裡拿出一塊，也把它弄碎，接著又拿出第三塊。他從冰箱裡拿出一盒牛奶倒在餅乾碎片上，開始吃了起來。這是2018年6月的凌晨一點半，他望向舊金山的夜色。

　　市場街籠罩在令人不安的寂靜中，在白天能量耗盡後，這種不安的寂靜就一直包圍著金融區。整個城市都沉睡了，但斯里尼瓦桑清醒得很。他吃著那碗泡著牛奶的餅乾碎片，想著加密貨幣。

　　四年前，他穿著邋遢的運動褲出現在Coinbase位於布魯索姆街的舊辦公室，滔滔不絕地闡述政治經濟學家赫緒曼的理論。當時的員工本來以為他是流浪漢，但他提出的金錢與技術概念非常絕妙，他們很快就聽得入神。如今，正因為斯里尼瓦桑有過人的想法，Coinbase聘請他來擔任首任技術長。

斯里尼瓦桑是矽谷名人，他在史丹佛大學教統計學，也是安霍創投公司的合夥人。他在安霍以簡報長達三百多頁著稱。2016年，斯里尼瓦桑在遺傳學方面的專業知識，吸引新上任的川普政府找他去面試美國食品藥物管理局（FDA）的局長。至於加密貨幣，斯里尼瓦桑認為那個主題最好留給天才處理。他宣稱：「區塊鏈是瀏覽器或作業系統出現以來最複雜的科技，需要對密碼學、賽局理論、網絡、資安、分散式系統、資料庫和系統程式設計有深入的了解。只有少數人具備那種知識。」

他沒說出口的是，他覺得自己就是那些少數人之一。不過，Coinbase之所以找上斯里尼瓦桑，不只是看上他的智慧。自從2017年初厄薩姆離職後，阿姆斯壯在管理高層就非常孤獨。斯里尼瓦桑這種氣場強大的人加入Coinbase，可望把公司早期那種創新且充滿幹勁的精神重新導入公司。麥格拉思回憶道：「我們需要有人扮演厄薩姆那個角色。阿姆斯壯個性陰柔，需要搭配一個比較陽剛的夥伴。」麥格拉斯早期是以幕僚長身分加入Coinbase，後來晉升為人力資源副總裁。

斯里尼瓦桑答應接下技術長一職，但開價很高。聘請斯里尼瓦桑，就必須收購他創立的新創企業Earn.com。這

家公司一開始是生產開採比特幣的裝置，但後來轉型做電郵導入服務。套用矽谷的專業說法，這筆交易是**人才收購**（acqui-hire），亦即為了獲得一家公司的人才而收購那家公司。

媒體報導指出，那筆收購案是以一億兩千萬美元成交。這個金額令Coinbase的許多員工感到不滿。Coinbase的一名工程師說：「那是一家爛公司，僱用斯里尼瓦桑是在幫安霍創投公司清算那些不賺錢的新創企業投資。」（Earn.com的B輪融資是由安霍創投領導的。）

Coinbase的董事會與營運長赫吉（他以前也在安霍創投任職）都為Coinbase收購Earn.com的案子辯護，說花那些錢聘請到斯里尼瓦桑是值得的。他們也悄悄補充說，實際的收購價遠低於媒體報導的一億兩千萬美元。一名Coinbase的內部人士指出：「當你考慮到假設性的未來支出，你可以對外界公開任何你喜歡的交易數字。斯里尼瓦桑比較自大，愛面子，他希望對外宣傳的數字越大越好。」

• • •

沒多久，斯里尼瓦桑和他的自大就對Coinbase產生影響。他上任時的唯一任務是：為Coinbase增加新資產（亦即新的加密貨幣），以協助Coinbase與幣安競爭。

　　幾個月來，幣安藉由提供數十種新的加密貨幣，壯大成一家強大的公司。這段期間，Coinbase一直猶豫不決，只交易四種貨幣：比特幣、以太幣、萊特幣，以及2017年12月底開始交易的比特幣現金。

　　Coinbase一直猶豫不決是有道理的。證管會對那些出售未經許可證券的加密貨幣公司採取行動，既然Coinbase自詡為業界的白騎士，它就應該捍衛自己的聲譽。Coinbase不能成為那些可議的ICO向老奶奶兜售各種屎幣的平台。儘管如此，Coinbase抱持這個立場可能也太保守了，它應該可以提供四種以上的加密貨幣。

　　Coinbase除了顧及監管機關、運作比較保守以外，它不提供更多種加密貨幣的一大原因是，它的工程策略沒有明確的方向。Coinbase的工程師沒有致力支援新貨幣，而是想辦法重新包裝現有的產品——打造套裝產品與指數基金，依然提供那四種單調的加密貨幣。

　　在辦公室的另一角，工程師正忙著打造Toshi。那是一種使用dApp（decentralized applications的縮寫，亦即「去中心化應用程式」）的工具，阿姆斯壯與其他人都認為那是加密貨幣的未來。dApp可以是任何東西，從文字處理工具到市場預測都行，但是dApp的獨特之處在於它沒有中央化的

公司或經理。想像一下，你把微軟 Office 裡的軟體程式拿到比特幣那樣的網絡上運作。dApps 不像蘋果和 Google 的行動 app，它不需要任何人的許可就能發布，並依賴世界各地的隨機電腦來運行。dApp 不是最有效率的軟體形式，你需要有一種特殊的瀏覽器才能取得它，但 dApp 的支持者說那是下一代的運算程式。

未來很可能是靠 dApp 運作的，但在 2018 年，dApp 還看不出什麼前景。因為即使是最流行的 dApps，也只有幾百個用戶。卡森維與其他人質疑 Coinbase 為什麼要花心思修改 Toshi 和 dApp ──尤其是在數百萬人湧向幣安購買最新的加密貨幣時。這就好像 Coinbase 是一家道路建設公司，但它不去鋪設州際公路，而是把時間花在改善路邊風景或測試新型礫石上。這是代價高昂的錯誤，更何況為新幣打造基礎設施需要投入非常多的技術。

交易所可以提供比特幣，但這不表示它提供其他加密貨幣就很容易。當然，有些加密貨幣採用的代碼庫和比特幣或以太坊一樣，那讓交易所更容易支持它們，但每種加密貨幣還是有自己的特點。此外，有些新貨幣是採用全新的代碼庫，Tezos 就是一例。Tezos 是一種內建投票機制的新型區塊鏈，可讓 Tezos 代幣的持有者投票支持或反對其軟體的升級

提案。交易所若要加入Tezos這種貨幣，那就好像建立一條全新的裝配線，而不是像類似比特幣的貨幣，只要修改既有的裝配線就好。而且每增添一種貨幣，就需要進一步強化程式碼，以防無處不在的駭客攻擊。

增添新幣是艱巨的任務，Coinbase正努力迎頭趕上。斯里尼瓦桑加入Coinbase，應該有助於迅速啟動這項任務，他也沒讓大夥兒失望。他有技術才能，加上有加密遠見家的聲譽，這些都激勵了其他工程師。此外，他還有超乎常人的耐力。需要「衝刺」時（這是Coinbase用來形容密集工作的術語），他可以連續幾天不間斷地工作，不眠不休，半夜看起來和早上七點一樣精力充沛。而且他幾乎很少休息吃飯，可以連續好幾天都吃餅乾碎片泡牛奶。

即使身處Coinbase的工作狂文化中，斯里尼瓦桑的工作狂熱仍很突出。就連他整個人看起來也很突出。他通常穿連帽衫，目光犀利，頂著刺蝟頭，眉毛濃密，灰白相間的鬍渣狀似饑餓的狼獾。遺憾的是，對Coinbase的許多人來說，他連行動都像狼獾——他只要覺得你是障礙，就毫不留情地把你扯爛甩開。Coinbase的一名員工說：「斯里尼瓦桑不是壞人，但他就像一顆炮彈。如果你無法解釋為什麼你擋住他的去路，那你只能自求多福，他會直接穿過你。」

258

　　斯里尼瓦桑在很短的時間內，就破解了Coinbase的多數官僚作風，達成了董事會的希望。但他也因此槓上了許多人，包括營運長赫吉，當初還是赫吉遊說Coinbase延攬斯里尼瓦桑加入公司的。

• • •

　　赫吉在加拿大的石油重鎮卡加利（Calgary）長大，那裡有濃厚的保守意識形態。他在加入Coinbase之前，已經在矽谷待了十年，但從外表與他對未來的展望來看，他仍然給人一種東岸銀行家的感覺──那是他在紐約的德美利證券（TD Ameritrade）擔任高管期間留下來的特質。他喜歡穿乾淨俐落的白襯衫與昂貴的西裝外套，這使他在西岸的加密貨幣公司裡顯得突兀。他加入Coinbase不久，緊張的局勢就出現了。

　　Coinbase的一名高管回憶起赫吉於2017年12月加入公司的情況：「我還記得那頓晚餐實在非常尷尬。赫吉自我介紹時，說他曾在東岸擔任營運長和總裁。他是來Coinbase當營運長，不是當總裁，但他向阿姆斯壯解釋，在東岸，總裁與營運長是同一回事，根本是鬼扯。」

　　同桌的其他人看著他們交談，心裡納悶這究竟是怎麼回

事。這傢伙是來幫阿姆斯壯的，還是來取代他的？

　　Coinbase的全體員工第一次認識赫吉的場合也很尷尬。那是週五上午的全員會議，赫吉走上會議室前面的小講台，開始數落員工。他用企業高管的專橫語氣，對來開會的全體工程師說：「我們的產品讓我覺得很丟臉。」他解釋，他會好好整頓公司。

　　他可能是對的，但他的方法並未奏效，許多人覺得他加入加密貨幣公司只是為了海撈一票，不是真的支持加密貨幣。對在場的許多人來說，加密貨幣不僅是產品而已，而是他們多年來熱切追求的理念與生活方式。現在，竟然遭到自以為是的高管斥責，而且那個人不僅剛加入加密貨幣圈，上週還厚顏無恥地上電視去宣傳Coinbase的重要性。現場的工程師聽了特別不滿。哈梅爾回憶道：「在他的眼裡，Coinbase有很多自負、情緒化的千禧世代。我們心想：『你哪根蔥啊？你憑什麼上NBC，還裝出你是懂這一切的專家？』」

　　經過幾週後，赫吉學到了一些管理千禧世代的經驗。由於他是來自顧問業與企業金融那種嚴肅的文化，在加密貨幣業面臨陡峭的學習曲線。他常在演講完後得知，員工抱怨他的話『激到』（trigger）他們。他不禁納悶，那到底是什麼意

思？麥格拉思回憶道：「赫吉不曉得『被激到』是什麼意思。」

不過，即使赫吉人緣不佳，他還是成功搞定了他剛加入公司時所發現的混亂局面。他整頓了不穩定的交易系統，引進一批高管。此外，他和最近剛加入Coinbase的商業副總裁艾米麗・崔一起導入一套「搞定一切麻煩」的決策流程，那是他們從東岸的管理顧問巨擘貝恩公司（Bain & Company）那裡學來的。那個流程的簡稱是RAPID（迅速），亦即提議（Recommend）、同意（Agree）、執行（Perform）、意見（Input）、決定（Decide）。這對阿姆斯壯來說是一帖良藥，因為他需要做重大決策時，越來越容易變成乾脆不做決策。

赫吉受過紐約的歷練，也在舊金山工作過，但是他在Coinbase最關注的焦點卻是第三個城市：芝加哥。他認為，芝加哥和那裡眾多的選擇權與大宗商品交易員，才是加密貨幣的未來關鍵。「大家不懂這點，但最大的加密貨幣交易商是芝加哥的電子造市商和自營商。他們使加密貨幣的市場不再只是技客之間的隨機交易，而是創造出很大的流動性，還有可靠的買賣單。」

「自營商」是指投資公司，其合夥人以自有資金投資，靠交易策略獲利。「電子造市商」則是專門處理某些股票和大宗商品的交易。雖然這兩種交易商都是紐約金融界的常

客，但它們的主要據點在芝加哥，由此可見芝加哥是推動美
國金融的引擎。

赫吉認為，舊金山那些幣圈工程師或許是出色的程式設
計師，但是說到造市，他們只是一群業餘愛好者，跟開發餐
飲外送app的程式設計師差不多。真正的人才，是那些懂得
打造金融基礎架構的人，他們聚集在芝加哥。他宣稱，那才
是Coinbase該去的地方。他積極主張公司應該在密西根湖
附近的洛普區（Loop District）開分公司，並從知名的芝加哥
商品交易所（Chicago Mercantile Exchange）挖角高管與工程師。

赫吉也負責在Coinbase建立「場外交易」機制，Circle、
Gemini等敵對的交易所已經提供這種服務很久了。這種服
務是為了迎合想要謹慎移動大量加密貨幣的交易員。他也堅
持Coinbase應該提供託管（custody）服務，讓共同基金之類
的法人客戶可以按照聯邦法規儲存加密資產。

這一切行動無疑是把Coinbase的未來押注在企業金融
上。那樣的未來消除了加密貨幣的一切非法性質，也消除了
一切理想主義。赫吉一點也不在乎中本聰的自由意志主義願
景。他認為Coinbase應該順著華爾街與芝加哥那些存在已
久的機制提供服務，趁早把Coinbase這個車廂接上金融業
的列車，而不是去迎合不可預測的消費市場。

對舊金山總部的許多人來說，赫吉的願景就像龐克搖滾樂團簽約擔任知名西裝公司布魯克斯兄弟（Brooks Brothers）的代言人一樣。更重要的是，由於斯里尼瓦桑試圖為Coinbase的交易平台增添多種加密貨幣以挑戰幣安，這可能導致策略混亂。不久，這兩種不同的願景——華爾街vs.自由意志主義烏托邦——就在Coinbase各自建立派系。加密貨幣的忠實信徒是站在斯里尼瓦桑那邊，企業發展派是站在赫吉那邊。

一個公司裡出現願景衝突並非罕見現象。只要執行長能像林肯面對「政敵團隊」（Team of Rivals）那樣管理相互競爭的派系，衝突就可能是有益的。遺憾的是，Coinbase沒有林肯那種領袖，只有不愛衝突的阿姆斯壯。阿姆斯壯只能晾在一旁，眼睜睜地看著兩個派系揚言摧毀對方，他的公司也只能跟著陪葬。

• • •

Coinbase的人力資源副總裁麥格拉思眼看著內鬥席捲公司，她回憶道：「有些人利用忠誠與激勵來領導，斯里尼瓦桑則是利用恐懼與金錢來領導。」

斯里尼瓦桑領導公司朝「非企業」的願景發展，他的風

格雖然強硬，但很有效。儘管斯里尼瓦桑不善與人共事，但他很擅長處理辦公室的政治角力。反正只要有人礙到他，都會馬上遭到排擠。斯里尼瓦桑要嘛直接解僱那個人，不然就是透過幕後操縱，廢除那個人的影響力，直到他完全喪失鬥志，自行辭職。

懷特就是這樣陣亡離開的。當時這位前空軍指揮官及Coinbase第五號員工已經升任為Coinbase專業交易所的負責人。他的最新任務是擔任Coinbase紐約分公司的負責人。但斯里尼瓦桑覺得，紐約分公司是支持「企業派」願景，那會瓜分他追求「非企業派」願景（增添新幣）的資源，所以他設法辦貶低紐約分工司與當地員工的地位，也縮減那裡的成員。懷特知道這是怎麼回事，他說：「赫吉很在意職場禮節，也努力以身作則。斯里尼瓦桑則是冷酷無情，心機很重，根本是搞辦公室政治的天才，他是參加《倖存者》（Survivor）節目的理想人選。」

懷特對此沒有意見，他已經找到新機會了。華爾街終於意識到加密貨幣的潛力，紐約證交所主動找上懷特，偷偷對他透露一項充滿雄心抱負的計畫：提供比特幣期貨，並與星巴克（Starbucks）合作一項加密貨幣交易。紐約證交所問他，是否願意成為新專案的執行長？那當然！樂意之至！

　　於是懷特飛回Coinbase總部，向阿姆斯壯遞出辭呈。
幾年前，Coinbase的早期元老建立了「邊走邊談」這種慣例：
一起走出辦公室，呼吸新鮮空氣，坦誠交流。現在，懷特與
阿姆斯壯走在舊金山的大街上，進行最後一次「邊走邊談」。
最初的九十幾分鐘，他們兩人先是坦白建議彼此有哪些地方
可以改進（這也是Coinbase習慣的另一種作法）。阿姆斯壯
提出友善的建議，並鼓勵懷特把他們都愛「四處宣傳加密貨
幣」的精神帶到東岸。懷特則是稍稍提醒老闆，多花點心思
控制公司的內鬥派系，他說：「說到底，只有身為執行長的
你可以塑造這家公司的文化。」

　　然而，好的建議不見得中聽。Coinbase的政治角力與
權力鬥爭依然持續，絲毫沒有緩和的跡象，斯里尼瓦桑趕走
了公司的設計師與首席工程師。擔任政治調解人的倫普雷斯
也陣亡了，他曾在司法部的最高層任職，也曾在矽谷富裕的
亞瑟頓（Atherton）擔任市長一段時間，但這些經歷都比不上
2018年底他在Coinbase看到的情況。2019年的春天，他離
開Coinbase時表示：「我當過加州小城的市長，但沒見過像
Coinbase這麼政治化的地方。」

　　倫普雷斯對於自己被迫離開Coinbase看得很開。即使
他不喜歡阿姆斯壯的那些副手，但是說到阿姆斯壯，他依然

頗多好評:「如果我在他那個年紀變成億萬富豪,我應該會變得很混蛋,但他沒有。」

不久之後,麥格拉思也離開了。幾年前,她為Coinbase導入溫馨、人性化的精神,幫這家新創企業化解了「瓦肯銀行家」的文化。這些年來,她為公司承擔炸彈威脅,也看多了辦公室的政治鬥爭,但是面對自己必須離開,她不像倫普雷斯那麼豁達。她回憶道:「斯里尼瓦桑是Coinbase的第一個精明混蛋,他加入後改變了我們領導高層的文化,那是我離開的原因。我打造出來的東西,已經完全失去中心思想與靈魂了。」

懷特與麥格拉思等元老離開並沒有讓赫吉感到困擾,他覺得員工流失是稀鬆平常的事。他指出,在矽谷,每家新創企業的成長都會超越其早期的管理者。一家公司的規模迅速擴大時,管理團隊會更換四、五次。此外,即使公司內鬥得不可開交,他和斯里尼瓦桑都做了很多事情以解決Coinbase早期的問題。

4月,Coinbase聘請了銀行業的資深人士哈斯來擔任財務長,終於有人來改革Coinbase那套鬆散的現金管理系統了。公司原本漫無目的的策略開始有了方向。

2018年初,Coinbase消費事業的副總裁羅梅洛向《商業

內幕網》（*Business Insider*）宣稱，Coinbase正逐漸成為「幣圈的Google」——這是公關部門向媒體宣傳的口號。這口號聽起來簡潔有力。成為任何領域的Google，聽起來很厲害，但那究竟意味著什麼？Google有很多成功的產品，例如YouTube、Gmail、Google Docs、Cloud等等，但Coinbase只有一款大家在乎的產品。而且，Coinbase現在還浪費錢做Toshi那種沒有明顯吸引力的實驗。

斯里尼瓦桑採用大破大立的策略有一個好處：現在那些次要的專案都遭到擱置或淘汰了。Coinbase開始專注在他的優先要務上：增添新幣。Coinbase為美國客戶推出瑞波幣（XRP）、以太坊經典鏈（Ethereum Classic）等新貨幣，也為海外客戶推出數十種新幣，開始拉近它與幣安之間的落差。

然而，隨著斯里尼瓦桑鞏固權力、排擠勢力較小的對手，他越來越難避免跟赫吉直接槓上。赫吉持續推動以芝加哥及華爾街為中心的策略。在高管會議上，兩人之間的緊繃關係顯而易見。他們的衝突變得非常醒目，所以不久幣圈開始有傳言指出他們兩人大打出手。這個傳言就像許多新創企業的八卦一樣，並不是真的。不過，每次赫吉推動公司走向企業派的遠景時，他們兩人就會激烈爭吵。一名參與會議的Coinbase前高管說：「斯里尼瓦桑會站出來大喊：『那些都是

垃圾！我們需要增添加密貨幣！』」

現實政治取代了阿姆斯壯一直想要灌輸的理想主義。2019年初，Coinbase收購一個區塊鏈分析服務時，這種情況變得更明顯。Coinbase長久以來一直依賴Chainalysis提供區塊鏈活動的資料。Chainalysis是一家為執法部門提供數據報告的公司，後來它堅持分析Coinbase的客戶錢包資料，所以Coinbase決定放棄它的服務，去收購一家分析公司，自己做分析。此外，一家以色列的資安公司宣稱，Coinbase有一個帳戶一直捐贈比特幣給恐怖組織哈馬斯（Hamas），這也是導致Coinbase不再依賴外部分析的原因。

Coinbase並不打算自己建造分析系統，而是直接收購公司。2月，Coinbase得意地宣布Neutrino的收購案，這是一家義大利的新創分析企業，在歐洲以分析區塊鏈著稱。遺憾的是，Neutrino的創辦人也領導一家名為「駭客團隊」（Hacking Team）的公司，這家公司曾與全球一些最惡劣的政府合謀，從事間諜活動，例如策劃謀殺《華盛頓郵報》（*Washington Post*）記者賈瑪爾・卡舒吉（Jamal Khashoggi）的沙烏地情報部門。「無國界記者」組織（Reporters Without Borders）稱駭客團隊是「網路的敵人」，因為他們代表索馬利亞與摩洛哥的獨裁者進行間諜活動。Neutrino的創辦人顯然

冷血又唯利是圖,現在竟然要變成Coinbase的最新成員。

　　記者大衛・莫里斯(David Z. Morris)揭露這些新成員的邪惡過往時,幣圈群起譁然。Coinbase的公關團隊向來精明犀利,但這起爭議發生時,他們卻猶豫了幾天才發表聲明。起初他們否認那些指控,說那是空穴來風,後來又聲稱公司高層對駭客團隊的活動一無所知。這些辯解都無效,群情激憤,而且越演越烈。在幣圈的社群媒體上,一個新的話題標籤開始流行起來:#DeleteCoinbase。

　　Coinbase的員工覺得管理高層顯然表裡不一,這也令他們失望。工程師哈梅爾說:「他們明明知道。由此可見他們對加密貨幣還不夠了解。這跟其他行業不一樣,幣圈是靠加密貨幣背後的理念與理想推動的。」

　　眼看著爭議持續發酵,阿姆斯壯在沉默幾週後,終於採取行動,他去了他覺得最自在的地方:寫部落格。他發文表示,Coinbase搞砸了,公司將與所有曾在駭客團隊工作的人劃清界線。他寫道:「比特幣,乃至於更廣泛的幣圈,攸關個人的權利,也攸關公民自由的技術保護。我們會解決這個問題,並想別的辦法來服務客戶,同時遵守法規。」

　　然而,即使阿姆斯壯平息了一場危機,另一場危機已經迫在眉睫。赫吉與斯里尼瓦桑這兩派人馬越鬥越兇,斯里尼

瓦桑似乎占了上風。到2019年初，赫吉推動的許多專案已經難以為繼。

2019年4月，赫吉遭到最大的打擊。Coinbase突然關閉芝加哥分公司，資遣那裡的三十名員工。隨著斯里尼瓦桑累積越來越多盟友與權力，赫吉的企業派願景遭到越來越多反對，但這個策略之所以失敗，也可以歸咎於財務因素。此時，加密貨幣嚴冬持續已久，連Coinbase也開始感到手頭拮据。舊金山那些加入Coinbase多年的工程師得知，芝加哥的工程師薪資比他們好時，內心更不是滋味。矽谷的技術人員已經習慣自己的薪資傲視群倫，赫吉決定給芝加哥的人才更好的薪水，對矽谷工程師來說簡直是侮辱。關閉芝加哥分公司對赫吉來說是一大打擊，卻同時解決了很多問題。

斯里尼瓦桑贏了內部鬥爭，但態度依然囂張。在某次會議上，斯里尼瓦桑闡述增添更多加密貨幣的最新計畫，赫吉提出一個合理的問題：公司有讓加密貨幣下市的流程嗎？斯里尼瓦桑反嗆他：「你根本對加密貨幣一無所知，為什麼還問這個問題？」

赫吉的前景看起來很不妙。不到一年，斯里尼瓦桑就在Coinbase的內部製造了嚴重的分歧，趕走許多資深員工，摧毀所有不利其願景的專案，甚至關閉了一家分公司。他

也為Coinbase增添了許多新的加密貨幣（2019年的年中，Coinbase在世界各地的市場提供數十種加密貨幣），並撼動了討厭的官僚風氣。然後，他就辭職了。

當初Coinbase的董事會聘請斯里尼瓦桑的合約是約定，一年內付給他一大筆錢。那份合約已經到期。斯里尼瓦桑就像他之前的其他人一樣，等約定的薪酬都落袋為安後，就離開去做別的事了。

斯里尼瓦桑於5月初離職，他離開後，困擾Coinbase的派系鬥爭也結束了。赫吉突然發現，他終於有機會自由地經營Coinbase了。2019年的年中，他大膽詢問阿姆斯壯，是否願意在產品問題方面向他（赫吉）彙報。

這簡直是得寸進尺。赫吉一直認為自己才是公司真正的執行長，而且幾個月以來他一直扮演這個角色，過程中，他已經把自己的政治籌碼耗得差不多了。Coinbase裡的加密貨幣信徒對他從來沒有好感，即使斯里尼瓦桑走了，他們依然討厭他。Coinbase的真正執行長被赫吉這樣一問，終於重申自己的立場。現在是阿姆斯壯重新當家作主的時候了，他對赫吉說：「不！」

赫吉無法接受阿姆斯壯的回絕，他並未因此退讓，而是宣布辭職，阿姆斯壯也順勢批准了他的辭呈。而且赫吉馬上

被請出公司，沒有正式的告別，也沒有機會跟屬下道別，到現在他對這件事仍然耿耿於懷。他和阿姆斯壯從此以後沒有再說過話。

赫吉說，阿姆斯壯現在自己領導公司後，要學的東西很多：「阿姆斯壯其實是個好人，但他搞不清楚自己的角色。成功的執行長有三種：產品遠見家、創造企業文化及吸引人才的領袖，或超級推銷員。阿姆斯壯這三種都不是。」

• • •

幾週後，阿姆斯壯坐在TAK餐廳裡，眺望著哈德遜河上的一艘船，他根本不在乎赫吉或他的意見。TAK是一家鄉村俱樂部風格的餐廳，位於紐約繁華的哈德遜城市廣場（Hudson Yards）。他和幾位朋友坐在一起，感覺很自在，這些都是真正的朋友。

懷特和厄薩姆來跟他共進晚餐。外表上，厄薩姆一點都不像曾經先後在高盛和Coinbase處理數百萬美元交易的強勢交易員。他迷上了高級時尚，開始穿紮染的毛皮背心和極地雪靴。他不再整晚緊盯著Reddit，而是跟明星肯伊·威斯特（Kanye West）和其他名人混在一起。

唯一沒變的是他和阿姆斯壯的友誼，他們的關係比以前

更密切了。現在,厄薩姆急著說服阿姆斯壯跟著他一起探索他最近的新嗜好,包括斷食(這是富有的科技業高管最近熱愛的新風潮)。

話題轉到加密貨幣時,懷特與厄薩姆祝賀阿姆斯壯奪回了他的公司。他們回想起過往的功績,回想起當初他們是如何把Coinbase從一間位於破爛公寓的小公司,變成價值數十億美元的獨角獸。他們舉杯暢飲,有說有笑。在那寶貴的幾小時內,阿姆斯壯覺得他彷彿回到了布魯索姆街時期,那些Coinbase仍是小型新創企業的日子。

餐廳外,一股熱浪正向紐約襲來,加密貨幣嚴冬也開始解凍了。

16 比特幣強勢回歸

Bitcoin Triumphant

　　加密貨幣嚴冬在 2018 年 12 月 15 日觸底，那天比特幣的價格跌至三千兩百美元，比一年前的高點少了 80％以上。少數仍在報導加密貨幣的主流媒體指出，這個產業受創嚴重。一些權威人士宣稱，這次比特幣死定了。然後，就像歷史多次重演的一樣，比特幣面對一片看壞的預測，硬是止跌回升，展開新一波牛市。

　　起初，這種反彈幾乎察覺不到。2019 年 2 月，比特幣價格漲破了四千美元，接著在所謂的「愚人節反彈」中，價格在一天內就飆升近一千美元。到了 5 月，比特幣的交易價格超過八千美元，6 月達到一萬兩千美元，後續的夏日一直在一萬美元左右波動。長期持有比特幣的人滿意地笑了，避險基金的錢又回來了。熱潮擴及財經版面，比特幣回血了！

　　不過，並非所有加密貨幣都止跌反彈。在 ICO 蓬勃時期問世的那些替代幣（又稱「屎幣」）至今依然屎得很慘。

許多替代幣的價格仍跌了90％以上，原因一點也不神祕：
那些ICO資助的區塊鏈專案都沒有實現，多數專案依然只
有白皮書，其他東西付之闕如。套用之前的「遊樂園區」比
喻，投資人為某個新奇的遊樂設施預付了代幣，結果發現那
個設施永遠不會建成，那些代幣因此變得一文不值。

　　有些專案失敗是因為ICO的發起人是騙子，有些則是
因為ICO為發起人帶來了大量財富，使發起人很難繼續保
有熱情，推動專案。那些ICO的發起人發現，周遊世界，
到各大幣圈大會上演講，比埋首寫區塊鏈程式更愜意時，原
本良善的意圖也消失了。

　　連比特幣最大的競爭對手，也無法擺脫替代幣貶得一文
不值的命運。7月，即使比特幣的價格比一年前漲了62％，
但以太幣跌了68％。以太坊原本被譽為「比特幣的更好版
本」，卻犯了一些跟比特幣一樣的錯誤。承諾已久的代碼庫
升級遲遲未能實現，所以以太坊區塊鏈的運作依然很慢，效
率低下。與此同時，最有可能領導以太坊改革的布特林，似
乎陷在粉絲崇拜的光環中。幣圈有一個令人難忘的迷因是
「維塔利克鼓掌」（Vitalik Clapping），那個短片顯示這名以太坊
創辦人在紐約市的一個船上派對中，像外星人學鼓掌那樣拍
著手，周邊有一群年輕的信徒望著他，配樂則是一個歌手用

奇怪的音調不斷重複：「維塔利克鼓掌，維塔利克覺得讚，開心鼓掌，維塔利克覺得讚。」

比特幣的另一個潛在對手「比特幣現金」此時基本上已經崩解了。這種因區塊大小問題而誕生的貨幣，在比特幣上漲62％之際，卻下跌了75％。更重要的是，它自己也出現派系紛爭，叛變的派系成功推動了「比特幣現金」區塊鏈分裂。本來大家一度認為比特幣現金可能取代比特幣，但現在看來它只是醜陋的冒牌貨。

儘管以太幣和比特幣現金都表現得很糟，它們的總價值仍高達數十億美元，也有忠實的粉絲與開發社群。那些屎幣就沒那麼幸運了，它們的價格像自由落體那樣繼續跌落無盡的深淵。

在加密貨幣狂熱高峰期，「前寒武紀大爆發」（pre-Cambrian explosion）這個詞變成了幣圈會議的主要話題。它是指數千種加密貨幣大量湧現，就像地球演化初期湧現的無數生命形式。2019年，專家開始使用生物學的另一個用語：「滅絕事件」（extinction event）。比較悲觀的專家預測，兩千多種屎幣會像長毛象那樣消失。

比特幣的長期支持者（至少那些沒有大舉投資替代幣的人）幸災樂禍地看著這個局勢的轉變。他們甚至為自己取了

個稱號（為不斷增長的幣圈行話又添一例）：比特幣極端主義者（bitcoin maximalists，或譯「比特幣死忠信徒」）。

• • •

到了 2019 年的年中，比特幣再次成為幣圈無可爭議的王者，但它不是業界的唯一亮點，另一個亮點是所謂的穩定幣（stablecoin）。穩定幣是一種幣圈創新，它創造出數千億美元的價值，並引起全球某個強大公司的興趣。

穩定幣之所以出現，是為了解決比特幣最常受到的批評：波動太大。如果一種新幣的價值每隔幾個小時就劇烈波動，那有什麼用？穩定幣提供了區塊鏈貨幣的所有好處（容易轉帳，無法篡改帳本等等），但波動沒那麼極端。真正的穩定幣總是值一美元，或者波動不超過一便士。隨著穩定幣日益熱門，其他反映日圓或英鎊等主要貨幣的穩定幣也紛紛出現。

在 2019 年，穩定幣並不是什麼新鮮事。最知名的穩定幣是 Tether，它是 2015 年問世，最初是在交易員之間流行起來的，因為他們想兌換各種加密貨幣，但不想支付把加密貨幣轉為傳統貨幣的手續費。不過 Tether 的聲譽不太好，交易員都懷疑 Tether 是否真的有等額的美元準備金。發行 Tether

的祕密組織向用戶保證，每個Tether幣都對應一美元的準備金，卻拒絕接受查帳以證明這點。這實在太可疑了。當大家發現Tether與充滿爭議的Bitfinex交易所有關聯，紐約州總檢察長也開始調查它是否涉及詐欺後，疑慮更深了。

Tether不是唯一讓人質疑其背後是否有足夠支撐的穩定幣。2018年初，一家名為Basis的穩定幣新創企業從貝恩資本（Bain Capital）、Google創投（Google Ventures）等績優投資公司募得一億三千三百萬美元。Basis提議，它的穩定幣每次跌破一美元時就發行債券，以維持其貨幣的穩定。這個計畫其實並不合理，因為沒有人保證投資人會買那些債券。與此同時證管會也警告，那個債券計畫相當於出售證券。所以Basis很快就放棄了，並退還多數募到的資金。

說到穩定幣，真正的重點是，把它的價值釘住美元的準備金，而且要讓第三方查帳，以證明確實有美元準備金。這就是Coinbase在2019年夏天所做的事，他們與競爭對手Circle合作，打造出「美元幣」（USD Coin）這個新的加密貨幣。與此同時，溫克勒佛斯兄弟也創造了他們自己的穩定幣「雙子美元」（Gemini Dollar）。不久，這些新幣與越來越多穩定幣就為穩定幣這概念提供了可信度，並挑戰了Tether在加密貨幣市場中的地位。2020年，Coinbase和其他公司開始

對客戶儲存的穩定幣支付利息──這是加密貨幣類似一般儲蓄帳戶的跡象。

更重要的是，穩定幣的成長向幣圈以外的重要人士顯示，以區塊鏈為基礎的貨幣可能會改變金融。各國政府長期以來對加密貨幣抱持懷疑，現在則開始實驗以穩定幣來發行貨幣。接著，2019年6月，臉書拋出震撼彈。

幾個月以來一直有傳言指出，臉書即將推出一種加密貨幣，但後來發現，臉書的計畫「天秤專案」（Project Libra）比許多人所想像的更龐大、更野心勃勃。這個新的天秤幣（Libra）會釘住一籃子的全球貨幣（包括美元、歐元、瑞士法郎），世界各地的臉書用戶都可以使用。這表示，任何使用臉書或該公司其他產品（如Instagram或WhatsApp）的人，都可以輕易使用這種新貨幣。

更值得注意的是，臉書找了一群金融業與科技業的頂尖品牌合作，包括Visa、Mastercard、Uber、Spotify、eBay。臉書的整體計畫，需要這些合作夥伴幫忙維護數十個區塊鏈節點，那些節點將為天秤幣創造交易帳本，並貢獻法幣準備金以支持天秤幣。

合作夥伴的清單裡有兩家專門儲存加密貨幣的公司，Coinbase也是其合作夥伴。臉書與Coinbase之間早就有關

連：天秤專案的負責人是大衛‧馬庫斯（David Marcus），他曾是PayPal的總裁，不久前還是Coinbase的董事。儘管矽谷多年來一直有傳言說臉書試圖收購Coinbase，但這些傳言都是假的。臉書從未詢問過Coinbase，阿姆斯壯與祖克伯也從未見過面。

說到天秤專案，Coinbase只是大約一百個幫臉書運作新區塊鏈網絡的合作夥伴之一，前提是那個區塊鏈需要先上線。遺憾的是，臉書宣布天秤專案時，該公司已經變成國會與世界各地監管機構的眼中釘。臉書早就是許多反壟斷調查的對象，所以許多政府根本無法接受「臉書掌控全球資金供給」這件事。與此同時，臉書一些知名的合作夥伴（包括Visa和PayPal）也對這件事情所引發的政治關注感到不安，相繼退出了聯盟。

天秤專案不單只是政治雷區，有些人擔心它也是經濟雷區。哥倫比亞大學法學院的卡塔琳娜‧皮斯托教授（Katharina Pistor）告訴《財星》雜誌（Fortune），如果外匯交易員使用臉書的貨幣而不是當地貨幣，天秤幣可能會破壞肯亞等開發中國家的匯率穩定。還有些人則認為，天秤幣是少數公司試圖把貨幣供給私有化的策略，有的人認為那無異是公然叛國。直言不諱的加密貨幣律師普雷斯頓‧伯恩（Preston Byrne）表

示：「如果臉書募集一支軍隊，那對美國人民的威脅只比目前提議的東西稍多一點而已。」

批評者提出許多合理的問題，截至本文撰寫之際，臉書是否能克服政府的反對，真正啟動天秤專案，目前看來還不明朗。不過可以肯定的是，矽谷依然能創新發想出改變世界的尖端科技——不管世界的其他地方是否願意接受它們。這也顯示那些科技可能顛覆全球金融。

如果美國政府不允許加密貨幣蓬勃發展，中國很可能會放行。中國已經指派其央行打造數位版的人民幣。對共產黨來說，數位貨幣有兩個優點：第一，數位貨幣能比以往更密切地監控中國人民；第二，數位貨幣可以變成對其他國家施壓的工具，迫使其他國家放棄以美元作為全球主要的準備金。如果這種情況開始發生，美國國會與整個美國肯定會從不同的角度看待臉書的天秤幣。

• • •

各國政府可能對臉書的數位貨幣計畫感到驚恐，但是在加密貨幣圈，大家聽到天秤專案時，反應往往是哄堂大笑。這不是正港的加密貨幣，而是閹割版，被一群強大的公司所掌控。資深的加密貨幣信徒提到「集中化」這個詞，並且提

醒大家迴避天秤幣。

　　對這種新出現的企業加密貨幣感到懷疑，再加上替代幣持續下跌，使得比特幣的光環比以往更耀眼。中本聰的貨幣如今已經問世十年了，而且比以往更安全。為了強調這點，很早就投資Coinbase的加密億萬富豪希爾伯推出一波全美電視廣告，鼓吹投資者放棄黃金，改買比特幣。與此同時，知名券商嘉信理財（Charles Schwab）在2019年底發布一份清單，列出千禧世代最常持有的股票。名列前茅的是亞馬遜、蘋果、特斯拉、臉書。第五名是Grayscale比特幣信託基金（Bitcoin Trust），排名比波克夏海瑟威和迪士尼還前面，它讓投資者以股票形式投資比特幣。

　　比特幣網絡已連續運行十幾年了，從未中斷，韌性十足，這也促成了更多迷因。加密貨幣基金經理兼網紅Pomp在推特上寫道：「銀行轉帳會當機中斷，比特幣從不中斷。」接著他又寫道：「股市已休市，比特幣全年無休。」數百位加密貨幣的信徒紛紛以類似的句型留言附和，例如「銀行會突然關你帳戶，比特幣永遠不會關你帳戶。」

　　2019年的年中，比特幣熱潮感覺比較像一場宗教復興。歷史最久的加密貨幣，戰勝了那些隨著各種替代幣而興起的敵對教派。比特幣的信徒認為，他們的神永遠居高臨下，所

向無敵。這不表示比特幣沒有強大的敵人，連美國總統都是
比特幣的敵人。

　　川普總統在推特上嚷嚷：「我不是比特幣和其他加密貨
幣的粉絲，那都不是錢，價值波動很大，是憑空出現的東
西。」他又補充提到，加密貨幣與非法行為掛鉤。比特幣7
月的波動，似乎與臉書天秤專案的新聞以及川普對科技業的
普遍敵意有關。

　　諷刺的是，另類右派（alt-right）通常是川普的死忠粉絲，
但川普對比特幣的批評卻引起這一派人強烈反彈。與此同
時，一般的比特幣愛好者慶祝川普的批評只導致比特幣的
價格小幅下跌。對他們來說，這只是再度證明了比特幣極
具韌性。

　　對阿姆斯壯和Coinbase的其他人來說，2019年比特幣
的復甦感覺就像老友回歸，尤其Coinbase的營收更因比特
幣價格上漲及交易量回升而再次飆漲。在公司內部，員工也
為阿姆斯壯重新掌控日常決策而歡呼雀躍。對很多員工來
說，赫吉從頭到尾都跟這家公司格格不入，根本不該來這
兒，只有阿姆斯壯這樣的加密貨幣信徒才能領導Coinbase
這樣的公司。阿姆斯壯把在LinkedIn工作多年的艾米麗·
崔升任為營運長，以接替赫吉。他發現崔是值得信賴的副

手，她能夠平息內部的政治鬥爭。

在業務方面，Coinbase仍落後幣安，但兩者的差距正在縮小，部分原因在於Coinbase現在在世界各地的市場上已提供數十種加密貨幣。與此同時，幣安的交易所慘遭駭客襲擊，價值四千萬美元的比特幣遭竊，導致幣安不如以前風光。此外，隨著證管會與其他監管機構即將展開調查的傳言四起，CZ那種藐視監管機構的經營風格也變得更危險。

Coinbase努力拓展收入來源，以免過於依賴交易佣金收入，這番心血似乎看到了成果。2018年的年初開始，Coinbase就一直打造託管服務。這項服務讓基金與富有的個人只要付小額費用，就能存放加密貨幣。託管服務也為其他加密金融服務開啟了大門，例如為Tezos之類的區塊鏈提供貸款及代理投票。此外，Coinbase與幣安搶著收購某位高盛的高管所創立的加密經紀商Tagomi，最後由Coinbase以高價搶得，這筆收購案也顯示加密貨幣交易變得越來越像傳統金融。

Coinbase及其競爭對手在做這一切的過程中，持續增添基礎架構的層級，那些層級在傳統銀行業裡已存在多年。也許赫吉的理念並非一無是處，華爾街與矽谷確實走得越來越近，這點從Coinbase擊敗老字號的東岸投資公司富達

（Fidelity），收購比特幣儲存公司Xapo的交易即可見得。那個五千五百萬美元的收購案，也讓Coinbase獲得了近八十萬枚比特幣。2019年的夏末，Coinbase掌控的比特幣，已達現有比特幣總量的5%以上。

17 金融的未來
The Future of Finance

　　摩根大通大廈（JP Morgan Chase Tower）聳立在曼哈頓著名的公園大道上，是五十二層樓高的玻璃帷幕大樓，氣勢宏偉，充分彰顯出權力與威望。從四十九樓可以俯瞰中央公園與中城的美景，周邊擺著精美的藝術品和一個玻璃櫃，櫃內陳列著副總統艾倫・伯爾（Aaron Burr）在一場決鬥中殺死美國首任財政部長亞歷山大・漢密爾頓（Alexander Hamilton）所用的手槍。這裡也有一個酒吧和一張長桌，讓銀行家和訪客在城市的上空用餐。主導這一切的是戴蒙，他是全球影響力最大的銀行業執行長，也是比特幣最有名、最強大的反對者。

　　戴蒙頂著濃密的灰髮，五官柔和，雙眼碧藍，銳利有神。2019 年的某個春日上午，他把銳利的目光投注在一名來自加州、年齡只有他一半的執行長身上。他伸出手，阿姆斯壯與他握了手。兩人轉身，凝視著戴蒙辦公室窗外的世界金融之都。

對阿姆斯壯來說，祕密會議是學習的機會。阿姆斯壯仍然極其渴望精進自己，他向戴蒙請教有關金融體系的見解。不久前，他也請教過高盛的資深董事長勞爾德‧貝蘭克梵（Lloyd Blankfein）。

對於這次會晤，戴蒙沒有那麼明顯的動機。不過，除了大方指導年輕後進，這位最著名的加密貨幣批評者，為什麼要和加密貨幣的最大支持者坐在一起呢？原來，戴蒙對加密貨幣的看法，比媒體刻意呈現的微妙得多，其實他已經厭倦了外界一再追問同樣的問題。

後來，大家終於逐漸明白了這點。戴蒙受訪時表示：「我不想成為反對比特幣的發言人，我根本一點也不在乎比特幣，這才是重點好嗎？」

戴蒙對加密貨幣的看法令人訝異，更令人驚訝的是，他在加密技術方面所做的事情。過去五年，雖然他曾經公開抨擊比特幣，也摒棄加密貨幣，但他曾悄悄鼓勵摩根大通內部那些充滿雄心抱負的區塊鏈研究，這包括創建Quorum（以太坊的分支，作為金融交易的私人網絡與帳本）。他甚至批准了JPM Coin（用來清算跨境支付的新加密貨幣）。

摩根大通涉足加密貨幣的同時，Coinbase也往傳統的銀行業務靠攏。當時，Coinbase正在申請聯邦銀行執照，

取得這張強大的執照後，就可以提供美國聯邦存款保險公司
（FDIC）擔保的存款服務，讓Coinbase直接接觸美國聯邦準
備系統（Federal Reserve）。這兩位意識形態南轅北轍、辦公據
點各分東西的領導人，在無意間已經拉近了彼此的距離。

2019年，華爾街與矽谷的世界突然變得不再那麼遙遠。
Coinbase花了一年追趕幣安。但Coinbase的早期投資者兼
比特幣億萬富豪希爾伯表示：「長遠來看，不會是Coinbase
與幣安對決，而是Coinbase對上摩根大通。」

在長遠的未來，希爾伯可能預言成真，但是在2020年，
新創企業Coinbase與老字號的金融巨擘摩根大通，是以出
乎意料的方式走在一起。阿姆斯壯與戴蒙的會面，為摩根大
通把Coinbase納為銀行客戶打下了基礎。五年前，對新創
企業特別友好的矽谷銀行因為對比特幣感到擔憂，而切斷他
們與Coinbase的業務往來。如今，華爾街最受敬重的金融
公司已經答應擔任Coinbase的往來銀行。

• • •

有句格言是這麼說的：我們短期內高估了科技的發展，
但長期內又低估了科技的潛力。商用的網際網路確實是如
此，1990年代它剛出現時掀起投機狂潮，接著引爆慘烈的

崩盤。貝瑞・舒勒曾在網路狂潮時代擔任知名企業 AOL 的執行長，他回憶起泡沫破裂後的情況：「市場冷卻下來後，很多媒體公司都鬆了一口氣說：『我們終於不必再擔心了。』（暗指 AOL 對媒體業的威脅）。當時 AOL 的市場崩解後，所有人都說：『謝天謝地，那只是一時的風潮。』當然，現在 Netflix 正在扼殺媒體公司。」

　　舒勒身為 Coinbase 的長期董事，看到歷史再度重演。他指出，2017 年泡沫破裂以來，華爾街那些老字號業者幸災樂禍地看待加密貨幣重挫，變得過於安逸自滿。但舒勒表示，那個現況不會永久持續下去。「回顧九○年代到現在的網路發展第一階段，」他繼續說，「看看所有遭到顛覆的事業，從零售業，到媒體業，再到廣告業。金融服務業基本上未受影響。他們在核心服務上建立了一個交易層，讓消費者可以上網查看帳戶，但底下的一切都是老舊過時的，何況金融業還是世界上最大的產業。」

　　舒勒預測，華爾街即將像許多產業遭到網路狂潮顛覆那樣，面臨巨變。他說，區塊鏈將帶來一個以代幣為基礎的新金融系統，那將徹底改變傳統的股債市場。

　　問題在於，銀行與老派金融公司能否迅速因應這個瞬息萬變的世界。CFA 兼《區塊鏈革命》的合著者亞力士・泰普

史考特（Alex Tapscott）指出，老字號的業者很少走在科技變革的尖端。

「傳統模式的領導者通常不會積極接受新模式，這是萬豪集團（Marriott）不接受 Airbnb 的原因，也是 Google 取代電話簿的原因。」他這番話為「創造性破壞的風暴」（the gale of creative destruction）提出了完美的例證，這個詞是由傳奇經濟學家約瑟夫・熊彼德（Joseph Schumpeter）自創的，他在近八十年前把它定義成「不斷從內部改造經濟結構的產業突變流程，不斷摧毀舊結構，不斷創造新結構」。

但泰普史考特指出，銀行業當中有些業者，比一些典型的老字號業者更能因應即將到來的風暴，例如他提到摩根大通著手研究區塊鏈，以及管理近七兆美元資產的投資巨擘富達公司正積極往加密貨幣領域擴張。

不是只有舒勒和泰普史考特覺得，大規模的區塊鏈革命即將顛覆華爾街。任何熟悉加密貨幣的人都會很快主張，加密貨幣遠比目前的系統優異，採用加密貨幣是無可避免的趨勢。他們指出數位貨幣的力量——數位貨幣不僅能當貨幣使用，還可以用來追蹤所有權及防止紀錄竄改。斯里尼瓦桑表示，加密貨幣的一個明顯用途是用於股權結構表（cap table）。股權結構表顯示誰擁有一家公司的多少股份，那是

新創企業界與創投界固有的東西。

斯里尼瓦桑指出：「目前，股權結構表是用 Excel 手工編輯。使用區塊鏈以後，所有代幣都會自動更新。投資組合管理及更新私募紀錄會變得容易許多。沒有必要一直催五十個人回覆你的電郵。」斯里尼瓦桑在 Coinbase 搞得滿城風雨後，最近加入另一家加密貨幣新創企業。

不過，普遍採用加密貨幣後，金融圈有很多地方都會改變，股權結構表只是其中的一小部分。康乃爾大學的電腦科學家兼區塊鏈權威艾敏‧貢‧西爾教授預測，華爾街的中介者（尤其是律師和查帳者）都會全面遭到取代。他表示：「代幣的本質在於，它們便於大眾監督與審查。這種科技不會受到干擾，所以不需要很多那樣的中間人。」

西爾也預測，每個股票證明最終都將是區塊鏈上的代幣。他曾經以為，股票交易所將以代幣取代股票，藉此推動這個變革。但現在他認為，當新創企業決定在加密貨幣交易所募資，找上 Coinbase 之類的公司，而不是傳統的交易所時，大家就會開始改用代幣了。西爾預測，紐約證交所等公司將會收購加密貨幣交易所，把那些交易所納入現有的服務中。

西爾對加密貨幣產業的未來也提出另一個看法：只要

這個產業是靠投機驅動的，Coinbase、幣安、Kraken、Gemini等交易所就會占據加密貨幣產業最顯著的位置。但隨著產業逐漸成熟及代幣變成金融主流的一部分，提供其他服務（例如貸款、投資建議或諮詢）的公司可能變成這個產業的新門面。

如果西爾的預測是對的，這對Coinbase來說意味著什麼？長久以來，Coinbase一直試圖拓展業務範圍，不再只做交易所，其他新業務（例如託管）也開始經營得有聲有色。Coinbase若是取得聯邦銀行執照，它可能會發展成一家全方位的金融服務巨擘。

但目前來說，Coinbase最大的成就，是縮小比特幣信徒與一般消費者之間的鴻溝。阿姆斯壯早期認為，只要提供一種簡單的方式，一般人也會加入加密貨幣的行列，這個觀點已經證明是正確的。早期的比特幣創業者文斯·卡薩雷斯（Wences Casares）是最早把加密貨幣技術引進矽谷的人之一，他認為Coinbase是撐起更大加密貨幣經濟的支柱。他說：「我覺得比特幣的基本教義派有時有點天真或過於單純，他們沒有意識到，今天要不是Coinbase為比特幣創造出巨大的市場，他們也不可能享有比特幣價格飆漲的好處。」

不過，這些都不表示Coinbase註定將成為加密貨幣時

代的摩根大通。其中一大原因是，儘管所有熟悉加密貨幣的
人都預測加密貨幣將會顛覆華爾街，但是沒有人確切知道何
時會發生。

• • •

　　創投業者兼Coinbase的董事克里斯・迪克森表示：「我
們正處於加密技術的 Apple II 階段，現在大家真正需要的是
個人電腦（PC）。」

　　迪克森的比喻很好。1977年蘋果公司推出的桌上型電
腦一炮而紅，但只有一小部分美國人擁有那台電腦。四年
後，隨著IBM個人電腦問世，個人電腦才成為主流，《時代》
雜誌甚至宣布1982年是「電腦年」。

　　赫吉也認為幣圈將會出現大變革，但不確定是什麼時
候。儘管他尷尬地離開Coinbase，但他對區塊鏈技術的熱情
有增無減。他說：「我認為加密貨幣是科技業的第三大變革。
我們從大型主機演變到行動雲端運算，下一個技術階段將是
去中心化的區塊鏈運算。」

　　雖然把金融的未來想像成Coinbase與摩根大通等公司
之間的對決很容易，但它們不是唯一的競爭者。《區塊鏈革
命》的作者泰普史考特指出，大型科技巨擘（不只臉書，還

有亞馬遜和蘋果）也可以輕易主宰幣圈。此外，國家政府也是競爭者。泰普史考特指出，中國、委內瑞拉等獨裁政體正在開發加密貨幣，他們的策略目標不只是削弱美元身為全球準備貨幣的地位，還包括使用加密貨幣來監控本國公民。「很多勢力湧入加密貨幣圈，包括科技公司、銀行、新興金融公司、獨裁政府等等，這會是一場激戰。」

諷刺的是，這場激戰的贏家可能都不是這些參與者。幣圈的主導力量可能是一種名叫「去中心化金融」（DeFi，decentralized finance）的新興技術。在 DeFi 的世界裡，類似比特幣的網絡將提供由智慧合約運行的貸款或存款等金融服務，這些服務都不受公司或政府所控制。DeFi 不單只是一種概念而已，許多專案已經啟動並開始運行。幣安的執行長 CZ 已經啟動一個去中心化的交易所。甚至有傳言指出，CZ 打算把他的加密帝國全部轉移到 DeFi 網絡上，並在任何監管機關都管不到的國際水域上，從一艘遊艇監管整個帝國。

如果這種叛逆版的加密貨幣願景成真，一個主要原因可能是美國政府的監管過於激進及前後不一。我為這本書做研究的過程中，多位受訪者一再提起，他們擔心美國將扼殺加密貨幣的創新，迫使加密貨幣遠走海外。在缺乏國家加密貨幣政策及法律的支持下——類似國會在 1990 年代通過支持

網路創新的立法——美國很可能在這個改變世界的科技領域中失去領先地位。

西爾認為 DeFi 很有可能成為加密貨幣的未來，但他也警告它還需要五年才可行。他還指出，加密貨幣社群改善現有網絡（尤其是比特幣和以太坊）的計畫可能遙不可及。他援引了薩繆爾・貝克特（Samuel Beckett）的著名存在主義戲劇《等待果陀》：「比特幣依賴敘事技巧，擴展比特幣網絡的解決方案總是知易行難，還要等很久。就像果陀，他永遠不會出現。」

西爾不是唯一指出加密貨幣運動不只有賴科技的推動、也需要辦出一套故事的人。榮獲諾貝爾獎的經濟學家羅伯・席勒（Robert Shiller）在新書《故事經濟學》（*Narrative Economics*）的第一章就是講比特幣。席勒說，加密貨幣沒有內在價值，完全是靠一種有感染力的信念撐起來的。

然而，像席勒這樣對加密貨幣深有疑慮的學者，已經越來越少了。近年來，在美國和世界各地的校園裡，加密貨幣與區塊鏈的研究暴增。2016 年，前檢察官及 Coinbase 的董事霍恩在史丹佛大學開設加密貨幣課程時，美國的加密貨幣課程少之又少。到了 2019 年，全球前五十大的大學中有 56％ 至少開了一門加密課程，有些學校還一口氣開了好幾門

課,例如康乃爾大學有十四門區塊鏈課程,哥倫比亞大學、紐約大學、麻省理工學院至少開了六門課。同樣令人驚訝的是,不是只有電腦科學方面的科系開設這些課程,法律、管理、人文、工程等科系也開設加密貨幣課程。

這一切不僅代表知識的擴散,也顯示年輕世代渴望從事加密貨幣領域的職業。他們可能為加密貨幣領域帶來新的突破,解決一直困擾區塊鏈的規模問題。與此同時,有些學生將會創立公司,為金融業帶來新型態的加密貨幣與區塊鏈技術,或以我們無法想像的方式讓消費者接觸加密貨幣領域。

• • •

2019 年,Coinbase 的安全人員開始堅持要求,阿姆斯壯必須使用化名,連去餐廳訂位也是。所以,現在在舊金山灣區的餐館,他訂位都是使用西蒙・布拉肖(Simon Bradshaw)或其他幾個聽起來像英國人的假名。這是經營一家價值數十億美元的公司所必須付出的小小代價。

這天「西蒙」身著他的招牌裝扮(黑色 T 恤),來到舊金山金融區一家不起眼的飯店餐廳。他點了一杯蘇打水,那是他今晚唯一的食物,他正在力行厄薩姆說服他嘗試的二十四小時斷食。阿姆斯壯對餐廳的員工很客氣,不再像Coinbase

剛創立時那樣，老是擺出一副「他媽的少煩我」的模樣。

我問他對 Coinbase 的未來有什麼看法，有什麼事情令他焦慮，夜不成寐嗎？阿姆斯壯最擔心的不是摩根大通或幣安，甚至不是美國監管機構為加密貨幣產業蒙上的陰影，而是他尚未遇到的事情。

阿姆斯壯說：「Coinbase 處於尷尬的青春期時，這個產業並未停止。第二代加密貨幣出現了，並開始蠶食瓜分我們的業務。現在，將會出現第三代加密貨幣公司，他們資金充足且符合法規，那會是有史以來最大的威脅。」

這是矽谷創業者的普遍擔憂，也是一種非常健康的心態，因為再怎麼有名的公司只要停止創新，就會不斷遭到顛覆而崩垮。

阿姆斯壯說：「我不想要成為華爾街或富國銀行（Wells Fargo），我希望 Coinbase 能帶來經濟自由。商業中的一大挑戰是不斷創新，難上加難的是打造一家經得起時間考驗的公司。」這一定程度上迫使 Coinbase 未來必須變成一家上市公司[1]。當我問他何時或如何實現這個目標，他不願透露，但長期熟悉 Coinbase 的人士預測，那會結合代幣發行

1　譯者註：Coinbase 於 2021 年 4 月 13 日在那斯達克交易所上市，成為加密貨幣產業在美國首家上市的公司。

和傳統的IPO。

「那會很無聊，不是嗎？」共同創辦人厄薩姆如此評論傳統的上市，他又補充說，Coinbase「精神上」是透過區塊鏈上市的。Coinbase真的那樣上市時，那將在Coinbase長久以來留下的加密貨幣創新史中，再添一筆重要的戰績。

Coinbase的許多前員工正在幣圈打造自己的歷史。厄薩姆與卡森維經營價值數億美元的加密基金。Coinbase的第二號員工哈梅爾正打算自己創業，他還不確定細節，但他很喜歡和南美商家合作的概念——越來越多南美人把比特幣視為保護個人財富的方法，以避免財富受到政府災難性的經濟政策所侵蝕。

這些Coinbase元老的願景中，有一條共同的主線：把矽谷那種「明知不可能而為之」的態度帶到沉穩的金融界。「我希望更多人能嘗試遠大的想法與新事物。」阿姆斯壯沉思道，「早年，我記得很多人說比特幣是騙局，然後就掛我們電話。很多人只是害怕新的想法，但矽谷的一大特點是，這裡的人不像其他地方那麼多疑。你依然可以拋出瘋狂的點子，大家聽了還是會很振奮。」

後記

Epilogue

2020年3月9日，油價及新冠肺炎疫情引發全球擔憂，導致道瓊工業指數大跌兩千點。三天後，道瓊又下跌兩千三百五十點，接下來的週一又下跌三千點。這是一場百年一遇的金融災難，市場無一倖免——股票、債券、大宗商品，甚至貴金屬都重創暴跌。

比特幣也是。

3月16日，比特幣的價格跌破了五千美元，幾週前的價位還在一萬零三百美元以上。加密貨幣的反對者幸災樂禍地指出，比特幣根本不是加強版的黃金（傳統上大家以黃金來抵禦金融衝擊），遇到這個關鍵時刻就栽了大跟斗。

後來，就像之前上演很多次那樣，比特幣再度強勢回歸。6月，比特幣價格再次漲破一萬美元。相較於黃金與幾乎所有的其他資產，比特幣在2020年的績效都比較好。對那些持有比特幣多年的人來說，這件事又進一步證明了比特

幣堅不可摧，能夠承受任何打擊，而且越挫越猛。與此同時，
Coinbase利用市場的波動性大賺一筆，創造了媲美2017年
泡沫顛峰期的財富。

• • •

在舊金山，Coinbase的創辦人在該市最高建築的頂層
公寓裡，等待疫情結束。他的鄰居包括NBA球星凱文‧杜
蘭特（Kevin Durant）和金州勇士隊（Golden State Warriors）的其
他成員。阿姆斯壯很早就了解新冠肺炎危機的影響，啟動了
Coinbase的居家辦公計畫，這做法後來在矽谷與其他地方的
公司之間廣為流傳。

但他不是加密貨幣圈第一個針對新冠肺炎即將造成的
影響提出警告的人。最早提出警告的是Coinbase的前技術
長斯里尼瓦桑，當初他為了拯救Coinbase差點也把公司搞
垮了。

在病毒全面襲擊美國的幾個月前，斯里尼瓦桑就像瘋子
一樣在推特上說，這種疾病正從中國武漢散播開來。他這種
危言聳聽的言論，導致一名科技記者譏笑他是「泡沫男孩」，
後來事實證明他所言不虛時，斯里尼瓦桑當然沒有得意地默
不作聲，而是大舉開罵媒體以報一箭之仇，甚至慫恿其他人

也這麼做——由此可見，加密貨幣世界乃至於整個矽谷，實在很容易孕育出富有、聰明但EQ低到不可思議的人。

至於更廣泛的加密貨幣社群，他們面對這場疫情所帶來的經濟衝擊時，則是以迷因回應（不然咧？）。推特帳號、網站、幣圈的其他角落都出現類似「Fed go brrr」（聯準會大印鈔）的說法[1]，這是嘲諷美國財政部在危機期間大規模印鈔。許多人在這個標語旁放上一個官員正在印鈔票的圖像。

• • •

到了2020年，那些幫阿姆斯壯創建Coinbase的早期團隊都已經各奔東西，分散在其他事業裡，但幾乎所有人都還是沉浸在幣圈中。這包括公司的第二號員工哈梅爾，他深入研究比特幣程式碼，打算使用加密貨幣來幫助貧困社群。第三號員工李啟威已經完全投入萊特幣，那是他十年前創造的比特幣對手，他現在正努力為萊特幣開發新的隱私功能。

卡森維剛加入Coinbase時，衣服上還有伐木留下的樹漬，借住朋友的沙發，如今他已經完全脫胎換骨。他創立的加密貨幣避險基金「多鏈資本」已經從舊金山教會區的簡陋

1　譯註：有些是寫「Money Printer Go BRRR！」brrr是指印鈔機運轉的聲音。

辦公室，搬到市區海濱的氣派辦公室。當你掌控超過十億美元的投資者資金，很難免除這些表面裝飾。但卡森維不願完全放棄他的怪癖，他把辦公室的一角獻給了他的文學偶像：大衛·福斯特·華萊士（David Foster Wallace）[2]。

　　卡森維不是唯一脫胎換骨的Coinbase元老。懷特是熱情的加州人，2017年初他到紐約，試圖向老字號投資公司康托菲茲傑羅推銷比特幣，結果被一群華爾街的傢伙看扁，鎩羽而歸。三年後，他成為華爾街的一員，在紐約證交所旗下的加密貨幣企業Bakkt擔任總裁，變成傳統金融圈中極其知名的比特幣支持者。原本矽谷和東岸金融圈之間，曾有一道難以跨越的鴻溝，他和Coinbase幫忙在兩者之間搭起了一座橋梁。

　　Coinbase那些元老不僅在華爾街擔任加密貨幣的宣傳大使，也到華府宣傳。Coinbase的法務長布萊恩·布魯克斯（Brian Brooks）後來擔任美國貨幣監理署（Office of The Comptroller of The Currency）的署長，負責監管美國的銀行法。Coinbase的另兩位律師桃樂西·德威特（Dorothy Dewitt）和安德魯·瑞德諾（Andrew Ridenour）後來在美國的大宗商品監

2　譯註：前面提過他的書架上有兩本華萊士的小說《無盡的玩笑》。

管機構「商品期貨交易委員會」（CFTC）任職。

他們加入那些機構的時間點，適逢一些監管機構與國會議員日益了解到，加密貨幣不單只是犯罪與混亂的溫床，而是一項可以轉換貨幣的強大技術。聯邦政府對比特幣的反感正慢慢消退。與此同時，一些州則積極接納比特幣，例如懷俄明州通過許多銀行法規，以鼓勵加密貨幣公司把總部設在當地。

. . .

當然，以上發展並不表示加密貨幣已經消除了非法的面向。一份報告顯示，2019年，騙徒利用加密貨幣騙局（尤其是龐氏騙局），詐取了四十億美元，破了以往的紀錄。在社群媒體上，這種詐騙非常猖獗，加密貨幣公司瑞波（Ripple）甚至因為YouTube有許多詐騙影片而對YouTube提出告訴，那些影片盜用了該公司執行長布拉德·加林霍斯（Brad Garlinghouse）的肖像，詭稱「贈送瑞波幣」以騙取金錢。2020年7月，一些青少年駭入推特，劫持阿姆斯壯、馬斯克、蜜雪兒·歐巴馬等人的帳號，以邀請他們的數百萬追蹤者發送比特幣給他們。在Showtime電視台深受金融迷喜愛的美劇《金融戰爭》（*Billions*）的第五季中，一個關鍵情節顯示，

主角的十幾歲兒子經營一個非法的比特幣挖礦事業。

不過整體來說，比特幣的聲譽比以前好了。這反映在主流的新聞媒體上。長久以來，主流媒體一直忽視加密貨幣的新聞，除非涉及犯罪或色情內容才會報導。如今，典型的頭條新聞比較可能關注安霍創投新成立的兩億美元加密貨幣基金，該基金於2020年4月推出，是由以前擔任檢察官、現為Coinbase董事的霍恩負責監管。

雖然華爾街與矽谷在加密貨幣方面持續拉近彼此間的距離，舊有的敵對狀態偶爾還是會爆發。二〇二〇年五月，高盛的投資簡報上依然嘲笑比特幣，把比特幣熱潮比喻成鬱金香球莖熱潮，並提到犯罪分子使用比特幣。推特上的比特幣愛好者立即反擊，指出高盛做過哪些可議的交易，並提醒高盛別忘了它自己也曾試圖建立加密貨幣交易部門（由兩名年輕綁髮髻的高管組成），只不過後來無疾而終。

比特幣信徒與高盛等企業分析師之間的唇槍舌戰，似乎可能永遠存在加密貨幣文化中。這種文化雖然充滿活力，但也因此難以吸引更多女性加入這個領域。Coinbase早期的人力資源長麥格拉思後來創立一家小公司，致力協助新創企業培養企業文化。她指出，幣圈需要「更多的多樣性與族裔代表，才算真正的蓬勃發展」。隨著美國社會開始重視包容與

社會正義等問題，這可能變成更迫切的挑戰。

· · ·

　　預測加密貨幣很難，尤其那些做預測的人後來往往證明是錯的。許多人當初預測比特幣將會消亡，也有不少人做出同樣離譜的保證：比特幣不久將漲到十萬美元。

　　不過，Coinbase 的共同創辦人厄薩姆做了比較合理的預測。2020 年，厄薩姆已經不像以前那樣充滿「衝破銅牆鐵壁」的幹勁，他開始投入內觀（vipassana，一種冥想技巧）等活動。他提到他參與一場為期十天的靜修，期間他只能反思，不能說話，不能書寫，還要擺脫所有身外之物。那個過程讓他開始思考人生，思考那些可能改變世界的想法，尤其是有關加密貨幣的想法。

　　厄薩姆說：「要讓一個依賴『網路效應』的新技術興起，最難的關鍵在於起步階段。加密貨幣似乎已經克服了最初沉悶的狀態。未來二十年，就像網際網路一樣，它很可能以無人能預知的方式，令我們大開眼界。」

謝辭

Acknowledgments

比特幣是一種數位貨幣，也是一種科技，一開始可能令人望而生畏，覺得難以理解。幸好，很多人樂於解釋比特幣與其他加密貨幣的新奇特質。2013年，我第一次在紐約市一場露天派對上接觸比特幣時，就遇到了這樣的人。從此以後，我有幸與許多人交談，他們都花時間幫我了解這種名為「區塊鏈」的卓越技術。

儘管加密貨幣社群以戲劇性及內鬥著稱，但他們也非常支持我，我想在此感謝那些在我寫書期間給我建議與鼓勵的人：Laura Shin、Alex Tapscott、Ryan Selkis、Frank Chaparro、Pete Rizzo、Dan Roberts、Kathleen Breitman。

我也要感謝Coinbase許多現任與離職員工，他們撥冗和我坦率地談論這家公司，並分享了許多祕密，我還要感謝Coinbase的公關團隊為我安排了多次採訪機會。同樣的，我要感謝Barry Silbert、Chris Dixon、Emin Gun Sirer，以

及其他眾多的加密貨幣理論家與創業者為本書提供更宏大的點子。

如果沒有我的雇主《財星》雜誌的支持，我不可能寫出這本書。《財星》不僅提供我寫作的時間，也讓我在報導及撰寫加密貨幣方面享有充分的自由，即使我寫的主題遠遠超出了這本雜誌的一般商業讀者所熟悉的內容也沒關係。我特別要感謝《財星》雜誌的執行長 Alan Murra，以及優秀的編輯 Cliff Leaf、Andrew Nusca、Adam Lashinsky、Matt Heimer。我也很感謝我在《財星》雜誌的同仁，他們都是很隨和討喜的共事夥伴，是靈感與合作的泉源，尤其是 Jen Wieczner 和 David Z. Morris。

我要感謝位於麻州鱈魚角（Cape Cod）的伊斯特漢公立圖書館（Eastham Public Library），那裡的親切員工及宜人氣氛幫這本書順利問世。我也很幸運，能夠與 Anne Starr 及哈佛商業評論出版社的製作團隊合作，他們的過人天分與專業精神令我受惠良多。

我也要感謝我的家人。這個專案占用我許多夜晚與週末時，他們總是為我提供支持及愉悅的消遣。我還要感謝朋友 Justin Doom 閱讀了這本書的初稿。

最後，是三位我特別感激的人：我在《紐約時報》的編

輯Scott Berinato，他總是能幫我把內文修潤得更好；我的
經紀人Lisa DiMona，她在出版過程的關鍵時刻提供我能量
與鼓勵；我的朋友及《財星》雜誌的同事Robert Hackett，
他不僅讀了本書的初稿，也跟我一樣熱愛加密貨幣和新奇
概念。

FOCUS　26

加密貨幣之王 從矽谷到華爾街，虛擬貨幣如何顛覆金融秩序
Kings of Crypto
One Startup's Quest to Take Cryptocurrency Out of Silicon Valley and Onto Wall Street

作　　者　傑夫・約翰・羅伯茲（Jeff John Roberts）
譯　　者　洪慧芳
責任編輯　林慧雯
封面設計　蔡佳豪

編輯出版　行路／遠足文化事業股份有限公司
總 編 輯　林慧雯
社　　長　郭重興
發行人兼
出版總監　曾大福
發　　行　遠足文化事業股份有限公司　代表號：(02)2218-1417
　　　　　23141 新北市新店區民權路108之4號8樓
　　　　　客服專線：0800-221-029　傳真：(02)8667-1065
　　　　　郵政劃撥帳號：19504465　戶名：遠足文化事業股份有限公司
　　　　　歡迎團體訂購，另有優惠，請洽業務部（02)2218-1417分機1124、1135
法律顧問　華洋法律事務所　蘇文生律師
特別聲明　本書中的言論內容不代表本公司／出版集團的立場及意見，
　　　　　由作者自行承擔文責。

印　　製　韋懋實業有限公司
初版一刷　2022年1月

定　　價　450元

國家圖書館預行編目資料

加密貨幣之王：從矽谷到華爾街，虛擬貨幣如何顛覆金融秩序
傑夫・約翰・羅伯茲(Jeff John Roberts) 著；洪慧芳譯
一初版一新北市：行路出版，
遠足文化事業股份有限公司發行，2022.01
面；公分
譯自：Kings of Crypto: One Startup's Quest to Take
Cryptocurrency Out of Silicon Valley and Onto Wall Street
ISBN 978-626-95376-3-1(平裝)
1.阿姆斯壯（Armstrong, Brian, 1983- ）2.電子貨幣
3.電子商務
563.146　　　　　　　　　　　110021167